陪孩子度过
中学六年

柏燕谊 / 编著

四川科学技术出版社

◆ 序 ◆

　　孩子转眼间步入了中学阶段，也正式步入了青春期。这个时期的孩子们无论是个头还是外貌都已经接近成年人，孩子们自己也急切地要证明自己已经长大了，他们变得越发不服从管教了，曾经乖巧顺从的孩子也突然变成了"小刺儿头"，这让家长们头痛不已。

　　进入青春期的中学生们，除了在生理上的变化以外，更重要的是在心理上的变化。青春期的孩子在自我意识上有了质的飞跃，如果说儿童对自己的认知和评价是基于成人的视角，那么，处于青春期的中学生们则完全不同，他们会从自我的角度去思考自己的优点、缺点、特点……会显得有些"自恋"，同时也会夸大自己的缺陷，会因为自己不够"完美"而沮丧。他们会刻意地彰显自我，渴望独立，希望摆脱成年人的束缚。他们不再服从于老师和家长，他们希望和成年人有同样的"权力"，因此经常会和家长顶撞、唱反调。中学生们虽然崇尚"标新立异""独树一帜"，但也渴望被家长和社会认可和接受。这个阶段的孩子多少开始渴望了解异性，希望得到异性的欣赏和关注，开始憧憬爱情……他们似乎变得"多愁善感"又"喜怒无常"，这些都让中学生的家长们感到手足无措，不知如何以对！

　　在我的咨询室里也来过不少中学生，他们早恋、逃学、打架、自杀……有的是被家长押来的，有的是由于无法自拔来寻求我的帮助。看着这些不再绽放的花朵，我真的是心疼，在替他们惋惜的同时也看到了家庭教育的缺失。我至今记得一对事业有成的父母在向我诉说他们那个不争气的儿子时，声泪俱下地说："我们的家庭本该是美满而幸福的，可是对儿子教育的失败彻底毁了这个家。"看着这些由于孩子教育不当而破碎的家庭，看着那些年轻的本应灿烂的脸，让我越发觉得作为一位心理工作者，应该从心理学的角度写一本针对中学生家庭教育的书，让家长能从中了解到身处中学阶段的孩子行为背后的心理动机，明白青春期孩子在叛逆行为背后的心理诉求，以及青春期心理上的变化会在行动上有哪些体现，家长们只有对孩子的心理特点有所了解和理解，才会对孩子的某些不切合实际的想法和行动不去过于压制，才会有的放矢地去引导和陪伴处于青春期的孩子们。

　　这本书会从心理学的角度分析中学生的各种生活、学习、情智、心理问题；这本书会让你了解孩子的心理，解开你和孩子心中的谜团，帮助你和孩子顺利度过青春期。看完这本书，你会觉得不光对孩子，对自己的青春岁月也多了一份理解和感悟！

柏燕谊

目录
CONTENTS

 第一章　学校生活

第二章　社会交往

第三章　青春期性教育

第四章　青春期的叛逆，不需要理由吗

第一章

学 校 生 活

中学生不好当

导读：中学生比小学生，多了很多的压力。要如何帮助孩子面对这些压力呢？

相比小学生，中学生要面对更多的压力。

作为青春期的少年，升入中学后，孩子们会自觉地意识到：自己长大了，是个大人了，再也不能像小学生一样不分性别地打打闹闹。孩子们不光要考虑学习问题，还要考虑人际交往、家庭关系方面的问题，甚至还有国家大事。

那么，家长要如何帮孩子面对这些压力呢？

首先，不要让分数成为孩子自卑的祸首。

晨晨是某重点中学初二年级的学生。初一时，晨晨的数学成绩一直在七八十分徘徊，不好不坏。有次考试，晨晨发挥出色，考了九十多分，得到了老师和家长的表扬。晨晨妈妈非常高兴，给晨晨做了一顿好吃的，还带晨晨出去玩，到处和别人说晨晨聪明、争气。晨晨很高兴，尝到了考高分的甜头，学习的动力变强了，也更有信心了。

但接下来的单元测验，晨晨没有像预想的那样考到九十多分，只考了八十多分。老师表扬了那些考得好的人，没表扬晨晨，妈妈也对晨晨的成绩表示了失望，晨晨感到非常沮丧。很快，单元测验又来了，晨晨一下子紧张起来，生怕考不好得不到表扬。考试的时候，晨晨的脑袋里一片空白，这还怎么考得好啊！于是，晨晨考试时作弊了。

从此以后，晨晨每次考试都极度紧张，都忍不住要靠作弊考高分，而最后虽然得了高分，也被老师和家长表扬了，但他却非常愧疚，再考试时状态依然不佳。这样循环下去，晨晨整个人的状态都不对了。终于有一天，晨晨考试作弊被发现。

当老师问晨晨为什么要作弊，晨晨说："为了得高分。"

"为什么要得高分呢？"

晨晨说："为了得到老师和妈妈的表扬与肯定。"

老师说："有很多方法可以让你得高分。比如：制订学习计划、复习计划，和同学交流学习经验，总结上次考试犯的错误……你为什么非要用作弊这种方法呢？"

晨晨哭着说："我也知道作弊不好，我也不想这样，可班里其他人都比我聪明，我再怎么努力也只能考七八十分，考高分只能凭运气。我很想考出好成绩被表扬，就开始作弊了……我知道凭自己的能力考不出这好的成绩，只能依靠作弊。"

化解分数的压力：懂得学习真正的意义

从心理学工作者的角度看，作弊本身并不重要，重要的是为什么

"考高分，被表扬"对晨晨意义重大。为了获得表扬而作弊对孩子的心理造成了巨大的折磨。难道这个孩子不能在生活的其他方面找到趣味和成就感，以至于把一切都押到了考试成绩上？学习成绩真的能代表一切吗？

显然，晨晨的问题其根源来自多方面。一方面，晨晨本身是个自尊心比较强的孩子，对他人的评价更敏感；另一方面，当晨晨考得好时，晨晨妈妈感到非常骄傲，这让晨晨感受到成绩好在妈妈心中的分量有多重——也就是说妈妈传递了"成绩好最重要"的观念给晨晨；最后一个方面，晨晨同样在意在学校中被老师表扬、被同学羡慕的感觉。

可是学习的意义是什么？是为了获得好成绩吗？

孩子刚进小学的时候还不懂大道理，只会通过观察具体的事情获得信息。当他们发现考试成绩好能让老师、父母高兴，能获得表扬，他们就开始注意到学习成绩的"重要性"。不仅大人喜欢学习成绩好的孩子，就连小孩都会把"学习成绩"当成评判小伙伴的标准，甚至到了高中，"成绩好"还会成为受异性欢迎的原因。

然而，学习的意义不在于取得高分，考试的目的也不在于让人们用分数衡量一个人的价值。对于父母来说成绩是直接意味着孩子以后能不能拥有更好的社会平台，能不能拥有更好的社会竞争力。但是当父母用这个标准去要求孩子的时候，往往就会让孩子误解为我只有成绩好才有资格获得父母和老师的喜爱，所以，我努力学习是为了父母和老师的开心，而并不是为了自己获得更好的成长营养。

当学习动力变得功利性，并且是朝向外部的功利性的时候，学习就会变得有很大的压力。就好像让你吃一样美食，单纯的只是让你因为自己的喜好去吃，和吃这个东西是一个你必须完成的任务的时候，你对于这个食物的美妙感觉是会有很大差异的。

心理学小知识 ▶▶

学绩测验的功能

学绩测验首先有反馈的功能，反馈学到了什么、没学到什么、学得怎么样，反馈老师教得怎么样；其次是评价的功能，评价教学方法是否合理，学习是否有效；最后是进行人才选拔和安置，例如高考。

家长应在孩子还在上小学时就引导孩子正确认识学习和分数，不但要让孩子了解到学习和分数的真正意义，还要让孩子知道这些不是衡量一个人价值的唯一标准，也不是最重要的标准。如果到了中学，孩子还不懂这些道理，那现在开始引导孩子也还来得及。

那么该如何引导孩子呢？现在的孩子通常在两种心态中摇摆：一种是不了解学习的意义，认为学习无用，成绩无用，只要能挣钱就行；另一种是另一个极端——不了解学习成绩的意义，认为要挣钱就得学习成绩好。所以，要引导孩子，首先肯定是要让孩子真的了解为什么要学习，然后孩子才能对学习成绩有一个正确和良好的心态。

1. 不要给孩子讲大道理，而是借用"其他人的嘴"

很多家长，尤其是父亲，特别喜欢通过"谈一谈"或写长信来给孩子讲道理，并且认为这是一种非常良好的沟通方式，但实际上对孩子的作用不大。对小学生我们还能用一用讲故事举例子的方法来对孩子的价值观进行潜移默化的教育，让他们有样学样；但是对于中学生来说，他们已经步入青春期，不仅对世界有了自己的看法，而且对家长有一种逆反的心理。在我做咨询的时候，发现很多孩子对于父母所讲的"大道理"是认同的，甚至会觉得父母能说出这些话来是很有水平的，但是这些认同并不会激发他们的行动力。父母的说教对孩子们来说也只是一听，自己要怎么做则是自己的事——孩子们会将听到的和自己要做的分离开来。换句话说，他们是由于缺乏生活经验，无法理解父母的"大道理"是多年人生的感悟与总结；并且由于青春期的逆反，认为父母的总结是来自父母的人生，而自己的人生是不会和父母一样的，也就没必要参考父母的经验。

这个时候，最好的办法就是借助"其他人的嘴"，尤其是孩子信任和喜欢的人。这包括孩子喜欢和崇拜的亲戚、熟人，也包括孩子崇拜的明星或欣赏的名人，还有孩子喜爱的作家等等。孩子对于喜欢和崇拜的人会有一种自我认同感，希望自己也能成为那样的人，所以对于这些人讲的经历会更向往，对这些人讲的道理更相信。所以想要让中学生理解学习的意义，就应当给他们看他们喜欢的人说的有关学习意义的话或书籍；对学习有认同，但是对学习目的不明的"乖孩子"来说，教育学、心理学方面的书也可以给他们看，他们会信任科学的、专业的书籍，而不是"父母的经验"。

需要注意的是，在借用他人观点时，要小心不要让孩子觉得你是为了教育他们而特意找这些东西给他们看，让他们产生逆反心理。对于青春期的孩子来说，自己是独特的个体，孩子是不愿意按照其他人的模型去塑造自己。所以当父母用一些自认为是榜样人物的故事、语言来要求孩子阅读时，孩子就会有这样的想法：我为什么要像那个人一样，我其实不比那个人差，你根本就不懂我。所以，父母如果想要用第三张嘴来引导孩子，最好做得不露痕迹，别那么刻意。

2．身教大于言传

要想让孩子觉得学习很重要，那么我们家长自己就必须做出表率和行动。如果孩子看到家长每天上班回来就是看电视、闲逛，没有做任何与学习有关的事情，孩子当然会觉得"学习无用"了。曾经有一对父母带着自己的孩子来做咨询，他们的儿子是在初二开始迷恋玩游戏，甚至发展到不上学。记得那天他们很早就到了我的咨询室，当我来了之后，看到妈妈焦虑地在沙发上心不在焉地翻着书，那位爸爸捧着一个iPad打游戏。我和他们的孩子开始咨询，当我和他们的孩子交流完下楼时，妈妈立刻站起来和我了解孩子情况，但是那位爸爸依旧窝在沙发里打游戏。当妈妈呵斥爸爸的时候，爸爸说：马上这局就结束了，等我一下，孩子的事情，你就说孩子的事情，总是拉上我，管我干吗？烦人！

说实话我当时心里深深的一声叹息，上行下效的道理看来这位父亲没有任何的理解。

在一个家庭当中，孩子是最讲公平的，也是最希望公平的一分子。有一些事情是家长允许做的时候，孩子也会认为自己理所应当的可以做。这些事情不仅仅包括行为习惯，还包括对待家庭其他成员的态度。

反之，如果一个在家不学习的家长突然开始努力学习，并且向孩子表示自己是因为哪些原因（讲故事）意识到学习的重要性了，孩子必然会有所触动（家长做这种行为时一定注意只讲自己的感受，而不要把话题转到孩子身上，例如"所以说，你看你现在就要好好学习，不然就会像爸爸妈妈这样这时候后悔"。）。因为每一个孩子的内心都是对自己的父母非常有期待、有认同的，所以，当你在孩子面前做自我否定的时候，孩子为了维护内心已经认同的那个真实的父母，就会对于你的自我否定式的鼓励产生很大的反感和抵触。

我们要传递给孩子的是虽然爸爸妈妈以前是那个样子，但是爸爸妈妈也可以成长和改变，我们可以通过成长，成为更好的样子。另外，学习本身也是一种快乐的体验。当我们掌握新知识、新技能时，我们会感受到自己的能力不断强大，感受到自己对自己人生的掌控。这样一个处于积极上进乐观心态的家长，必然也会影响孩子的心态，影响整个家庭的氛围。

3. 如果要和孩子讲道理的话，请多用提问

在我的咨询经历中发现，一说起学习，孩子们的反应一般可分为四种：一是"学习挺有意思的"；二是"学习很累人，但是不学没有好前途"；三是"爸妈让我学，我只好学"；四是"别提了，烦人"。第

一种孩子从学习中感到一些乐趣，但对学习深层次的目的和意义没有体会，或者说，孩子从学习中感到了乐趣，但是还没能将兴趣和自身成长现实获益有所链接；第二种孩子认识到学习的现实作用，但是无法从学习中获得快乐；第三种孩子完全为家长而学；第四种孩子已经对学习厌烦。几乎没有一个孩子能对学习本身和学习的意义有很全面的认识，这不仅仅是因为我们给他们的教育不够，也因为他们的人生经历局限了他们的思维，所以需要我们去帮助孩子，去拓展他们的思维。这个时候最好的方法就是用提问，问一问他们觉得学习有什么用，了解一下他们的想法，然后再对他们的想法逐一进行提问和解释。解释的时候还是需要多举例子，讲孩子感兴趣的人和事，而不仅仅是父母自己的经验。

例如，有的孩子认为学习好没用，"反正我只想天天玩游戏就活得挺开心，不想挣大钱"。那么父母可以问："这样生活也可以。那么你需要住一个房子，需要买家用设备，需要更新你的电脑，需要吃喝拉撒……你算一算这些需要多少钱呢？要做什么工作才能挣到这些钱呢？现在这些工作都需要怎样的学历才能去做呢？你在游戏中交朋友时，别人问到你是做什么的，你怎么回答才不会觉得自卑、丢脸呢？你生病了需要多少钱治疗呢？爸妈生病了怎么办呢？……"

4．面对孩子的成绩时，不纠结于那个结果，而是看为什么丢分

这是一种学习态度和学习方法。正如前面的小知识中提到的，考试是为了查看之前学习的效果，分数只是直观地显示了我们哪里学会了，哪里没学会。家长本身就应抱着这种心态去看成绩，教会孩子去整理错

题、重新学习；而不是把成绩作为衡量孩子智商或者能力的标尺，那么孩子就不会因为学习成绩产生不必要的压力。

如果成绩的压力没有得到分流

我们都知道在赛跑的时候，尤其是长跑运动，领跑的人是最累的。同样，由于学习压力大而需要进行心理咨询的孩子中，学习好的占了大多数，所以学习好的孩子更需要我们用上面的方法来帮助他们舒缓学习的压力。如果学习的压力没有得到分流，会怎么样呢？下面我们就讲两个这样的小故事。

当陈风还在家乡上小学时，他非常的自信。他觉得在他的家乡，他应该是最聪明的人了，他的成绩那么好，谁也追不上他。可是考到城市里的重点高中后，所有的同学都是自己家乡的"最聪明的人"，陈风发现自己并不如自己想象的那么"人上人"。光陈风所在班级就有一半以上的人比陈风成绩要好，更别提同年级的其他班还有那么多比他强的同龄人。

"这种感觉有点儿像突然掉入了汪洋大海。"陈风说，"你找不到自己的存在了。"

一直以来，陈风都是用"成绩好"来认知自己的。一个人，只要学习成绩好就是好，学习成绩不好那就是不好。陈风觉得自己是个挺客观的人，能够清晰地看到周围有很多人比自己"成绩好"，比自己要"强"。于是，以前那种唯我独尊的感觉受到了很大的打击。陈风觉得以前的自己简直太傻了，太土了，于是他从非常自信变得非常自卑，认为自己不过就是个碌碌无为的普通人，对学习、生活都失去了热情，表现出了轻度的抑郁症症状。

青春期后期开始，孩子们逐渐步入成年阶段。这时候的孩子正在对自己形成认识，正在进行人格的统一和整合，所以这个时候也是非常容易混乱和受到干扰的。以前对自己的认识突然遭到了巨大的打击，这一切都让陈风稚嫩的心灵难以接受。显然，这都是由于陈风对学习成绩的错误认识造成的，如果早一些帮助孩子调整这方面的认知，这种问题就不会出现。

这一点和学校老师对于成绩优秀的同学的态度有关，我们都知道老师总是会对成绩好的学生格外的青睐，但是这也不是家庭教育所不能弥补的。比如当我们家庭当中有两个以上孩子的时候，作为父母尽量不要偏爱那个成绩好些的孩子，尤其要善于发现成绩稍弱的孩子身上的其他优点，并且给与放大的鼓励，让孩子知道，自己有好成绩并不是就一定能够唯一获得别人喜爱、关注的渠道。让孩子感受到即便成绩不好，但为人正直也会是很幸福的事情。在这样的情况下，当孩子面对自己"第一"受到挑战的时候，不至于一下子崩溃凌乱。

有一对父母来找我做咨询，他们的女儿以前学习成绩非常优秀，但是最近这些时间，发现孩子对自己自信心不足，总觉得自己不够好。比如做作业或者考试时，即使一道题目做完了，仍然要反复查看数遍，总担心是不是做错了，必须反复检查，不然不放心。结果，一道题如此，道道题如此。平时就浪费了不少时间，考试时更是影响了整篇卷子的完成。有时候，如果遇到一道题目不会做，心里马上就发慌、紧张，最近甚至接连发生了好几次因为不会做就紧张得在考场晕倒的状况。因为女儿之前的学习基础比较好，即使这样，她的学习成绩仍然名列前茅。可是父母意识到这不是一个健康的状态，他们知道高考时压力更大，所以特意来找我做咨询。

其实智力有很多种，每个人都有擅长的一方面。不仅如此，智力还受性格和气质的影响。如果是粗神经的人，考试心态好，成绩也更好；乐观的人也会考试心态好；像上面案例中的女儿这种比较敏感的则容易受到成绩压力、考试焦虑的影响。

对于本身就敏感的孩子，如果家长能在孩子还不太懂事的时候就发现孩子是这种敏感的气质，趁着孩子不懂事，"灌输"一些东西给他，就可以帮助他调整一下人生的方向，让孩子变得更豁达，更乐观。面对这种敏感的孩子，家长要格外地耐心，需要多次、长时间地和孩子谈心。一开始可能是谈一些杂七杂八的东西，慢慢深入孩子内心后，家长开始谈论人生、哲理、世界观。每次谈话可以间隔一些时间，给孩子一些自己思索的时间，下一次谈话的时候再以对上一次谈话的反思提问开始。家长需要指引孩子前行，让孩子认识到自己的敏感，时时去和自己做"斗争"，调整自己的心态。

无论如何，不要让学习成绩给孩子带来一生的影响吧。尤其不要让孩子误解自己之所以被别人喜欢接受，不是因为自己有多可爱多善良多有趣，而仅仅是因为自己的成绩好。

鸡头凤尾

导读：是当别人的首领，还是做更优秀人的小兵？择校的时候，选择更好的学校，还是一般的学校？进到学校里，是让孩子考实验班、快班，还是在普通班？

杨鸣上小学时被选进了重点小学的实验班，上初中又被最好的中学的实验班录取。可来到新学校后，杨鸣发现自己的聪明不够用了。中学的知识好像比小学难了很多，杨鸣在新班级中只能当一个"差学生"，每次考试成绩都排在后面。升高中的时候，杨鸣被实验班"刷"了下来，进入了普通班，在普通班，杨鸣依然是"差学生"。

杨鸣的父母很奇怪：如果说新学校高手云集，杨鸣从鸡头变成了凤尾还可以理解，为什么到了普通班，他的成绩为什么还是比周围的同学差呢？杨鸣的父母试图通过严厉的管教督促杨鸣好好学习，无奈杨鸣一点不买账，几句话就把父母打发了，天天鼓捣摇滚乐。

为什么逃避

原来，变成"差学生"的经历让杨鸣很受打击，他不愿意做凤尾，也不愿意做鸡头，只想当凤首。但进入普通班意味着没有机会成为凤首，所以当他到了普通班的时候，他也不想努力学习去证明自己什么，因为就算学得好，也不过是个"鸡头"，实验班里的那些同学他还是比不上。然而，小学时期的"辉煌"已经深深地刻在杨鸣的脑海中、心理模式中，杨鸣接受不了别的名次了，那就干脆选择逃避。"反正只要我不学，比他们成绩差就是应该的；如果我学了还比他们差，那不就是自己打自己耳光吗？"

高中毕业后杨鸣没有上大学，而是自己组了一个地下乐队，"搞音乐"去了。几年以后，杨鸣也成了小有名气的歌手、乐评家。在别人看来，杨鸣"混"得不错，但是杨鸣自己却从来没这么觉得，他觉得自己的学生时代是失败的，而原因都在于"教育制度不好"，拿"分数衡量一切"去压人。其实不是别人在用"分数衡量一切"的价值观去看待杨鸣，而是杨鸣自己这样看待自己。

但在杨鸣这样看待自己的背后，其实也是儿时自己成绩辉煌的时候，周围环境给与他太多关于成绩而带来的幸福感，那种儿时反复的赞美强化，让孩子内心认同了这个判断，我只能做最好当中的最好，否则我就是很差劲。

如何应对

每个家长都希望自己的孩子能够得到最好的，也希望自己的孩子就是最好的。当杨鸣小时候那样得意的时候，他的父母从没想到过要跟孩子聊聊别的什么。孩子已经做得这么好了，还有什么可说的呢？其实孩子需要我们帮助他们去更全面地理解这个世界，而不是仅仅靠他们稚嫩的、只能观察到片面和细节的眼睛去认识世界。

当杨鸣从分数制度中获得好处时（获得荣誉和关注），他就认同了分数制度。从此他认为分数制度就是衡量人的标准了，这种观念甚至到他成人后也没有改变。面对这种情况，我们家长应该从一开始就让孩子明白分数和成绩真正的意义，还有我们应该用什么去衡量一个人的价值。

另外，如果孩子像杨鸣这样自尊心极高、又容易走极端思想的话，就算家长对孩子再关爱、再鼓励，孩子也不会认可父母的爱——本来父母的爱是可以让孩子感到自己是有价值的，但是像杨鸣这种孩子坚信自己心中的价值观，外部的事情他们都不相信了。对于有这种特点的孩子，需要家长尽早地发现。比如在和孩子聊天时就可以发现孩子对某些事情的看法是不是过于极端、片面；在游戏比赛中是不是特别输不起。而家长需要多和孩子聊各种事情、多讲故事、举例子，以此来拓宽孩子的视野和思想。

具体方法还是要从轻松有趣入手，比如一个故事里面有很多个人物，发生了一个事件后，每个人物对这个事件都有不同的看法，并且从他们自己的角度来看都是非常正确的；或者有的人做事情失败了，接下来怎么反应的，是把这件事作为经验学习了，还是变成各种负面情绪从此就逃避做这件事呢？哪种反应更有效呢？

最后，如果出现需要择校、择班的问题，我们应该和孩子深入的谈话，和孩子一起总结各种利弊（尽量引导孩子自己发现）。孩子已经这么大了，步入青春期了，个头和爸爸妈妈一样高，甚至更高了，这时候还是让我们以孩子为中心来做选择吧。

如果孩子愿意进快班，我们就帮助和鼓励他。当发现孩子的能力和性格都不适合的时候，再和孩子好好解释。如果孩子虽然能上快班，但是却很吃力，压力很大，那我们应该和他们好好谈谈，看看孩子是愿意承受这份压力磨练自己，还是选择更轻松快乐一点的成长道路。我们把各方面的利害都给孩子讲清楚，列在纸上给他们看，最后让他们自己选择。

让孩子学会爱自己，学会正确地看待自己，而不是依靠外部的东西去衡量自己的价值。只有当一个人懂得爱自己了，看得清自己身上的缺点了，他才能懂得去爱别人、去看清别人身上的优点。

其实与杨鸣类似的案例在咨询中并不鲜见，这背后除了透露了孩子的一种自我判断和自我要求，也有很大程度的虚荣成分。这个虚荣来源于孩子的本能，我们都希望自己变得更好，才会让别人更钦佩自己。虚荣原本没有错，但是这个虚荣的角度却是来源于父母和环境的影响。或许我们都太在意孩子取得的成绩，而忽略了引导孩子关注努力过程带来的幸福感和快乐。所以，孩子的虚荣最后就变成只要好的结果，光鲜的外在，才是资本，而丰富的内容和美丽的过程，都是微不足道的。换句话说，如果我们只关注外在的绚丽，那就叫虚荣；而我们关心的是自己内在的获得和过程的美好，那就叫作骄傲。你的孩子是虚荣还是骄傲，源于我们做父母的是更关注孩子成长中的每一分努力，还是更关注孩子努力的结果。

学习不好怎么办

导读：帮助孩子找到学习的内在动力；学会使用策略可以有效地提高成绩。

陈功是一名初二的学生，学习非常用功。老师说，每天写完作业都要预习一下第二天要上的课，班上很少有同学能做到，陈功做到了。老师说，要准备个错题本，把做错的题目写进去，时不时翻翻看看，班上很少有同学能坚持一学期，陈功坚持下来了。但陈功的成绩却一直不大理想，总是徘徊在班里中后段。

眼看就要升初三了，陈功的压力越来越大，他在网上给我留言，说觉得自己非常对不起父母，不管怎么努力学习都没法让成绩提高起来。他说，晚上躺在床上，一想到学习他就翻来覆去睡不着，还经常焦虑得哭起来，他觉得自己很没用，甚至想到了死。

学习是学生的责任，孩子认识到了这一点，也因此感到了压力。压力能够促使孩子学习，但压力也是双刃剑：适度的压力让孩子有效地学习，过度的压力却会给孩子带来焦虑和恐惧。一旦孩子过于在意学习成绩，害怕达不到家长的要求或自己的预期，学习成绩反而会下降。

那么，如何才能充分发挥压力的积极作用，规避压力的消极作用，让孩子学习好呢?

重点一：激发和维持孩子的内在学习动机

学生的学习活动受到外部压力和内部压力的驱使。外部压力包括：社会舆论、父母的期望和赞扬、考上好学校、漂亮的学业成绩，等等。内部的压力包括：学生对自己的期望和要求、求知欲、兴趣爱好、对能力提高的期待、自信、成就感，等等，内部压力可以让孩子的学习具有主动性。

外部环境终归还要经过个人意志才会在个体身上起影响作用，所以就让我们先来看看如何培养孩子学习的主动性吧。

1. 激发孩子学习的兴趣

陈功虽然学习很用功，但是在他学习的过程中，感受到的是责任、压力，学习对于他来说是任务，学习没有带给他太多的愉快。而人在愉悦的心情中才能更有效率地学习；如果喜欢学习的话，学起来也更主动、更轻松。反过来，如果缺乏学习兴趣，又没有陈功这样懂事，那孩子怎么可能学习好呢？

"我儿子很乖巧，就是学习吃力。他并不笨，只要老师一对一地给他讲，他就可以学得很好，反应也很快。我总结了一下他的缺点，对学习没有积极性，没有兴趣，有老师、家长监督，他就能做得很好，一旦不在旁边盯着他，他就敷衍了事。作文也很差，我和他爸爸在教育小孩的问题上都是白痴。他爸爸老说随孩子去，从没管过孩子学习。我学历不高，也不知道该怎么帮孩子，只会在心里着急。还有不到一年就要中考了，孩子的成绩还是很差，怎么办？我担心孩子没法毕业。唉，我该怎么做呢？"

"我儿子上小学的时候一直都是班上前几名，可上了初中后成绩下滑了很多，现在都快成班里的末尾了，我听别的同学说他上课老是迟到，有时还旷课打篮球，他特别喜欢打篮球，对学习一点都没兴趣。"

"我的孩子今年15岁，上高中一年级，爱看书，看课外书可以废寝忘食。平时他也是个很听话的孩子，可对学习却很随意，经常丢三落四，还想方设法逃避学习，为了让他认真学习，我软硬兼施，可都没什么用。老师总说他学习态度不端正，他自己也说很烦学校，不知道该怎么办？"

"我的孩子平时就不怎么看电视，很喜欢看书，光少儿百科全书就买了3套。他反复地看了好几遍。还有《孙子兵法》《三国演义》，都是半文言文式的，他都看得津津有味，就是对课本没兴趣。放学后也不贪玩，可就是回家后写作业总是磨磨蹭蹭。去看他，他总在看那些课外书，有的段落他都快会背了，可还是会反反复复地看，我真是无奈了。"

以上这些孩子有着共同的特点：聪明，有能力学，但是不想学。

如果孩子有能力却不发挥，那就等于是零。所以要想让孩子学习好，第一点就是要激发孩子对学习的兴趣。

学习的定义是什么？在学习心理学前我也不能准确地回答这个问题。

学习，是通过多次练习得到知识或技能，并且使行为发生了改变的过程。注意这里面的两个重点：多次练习，行为改变。当我们还是婴儿的时候，我们通过一次次的练习学会了走路，这就是学习。几乎所有的婴儿在迈出第一步的时候都会笑；孩子们也是那么热衷和父母玩"你追我跑"的游戏——如果学会走路就是学会解题思路，那么玩追跑游戏就是在做练习题、在考试，摔倒了就是做错了或者没考好。在这个过程中我们可以不断地巩固和发展学到的东西。如果我们能够让孩子明白这个概念，孩子就懂得为什么要写作业——因为要练习；为什么要考试——因为要检验哪里没学好，哪里学得好。这一切都是为了让我们学得更好，变得更强。

当孩子们学习走路、练习跑步的时候，孩子很快乐，不会觉得枯燥、厌烦，因为这个学习是在实践中进行的，是有意义的，是有用的。但是学校的学习是脱离实践的。一开始，小学阶段的孩子可以单纯地因为对知识的兴趣和渴望来进行学习。但是当孩子进入青春期，就会对人生的意义和未来生活进行思索。很多孩子告诉我他们觉得学习没有用，学习好坏和以后挣钱多少没有关系；现在学的东西以后根本用不到，会像父母一样忘掉学校的知识而变成"傻瓜"，那为什么还要学呢！

这时我会告诉他们：确实，如果你的愿望就是今后做一名售货员或者司机，学习线性代数对这份工作没有实际意义的帮助。但是如果你想做一名精算师，你肯定要好好学数学了吧？如果你想做一名管理者，那么学习理科的知识能锻炼你大脑的逻辑思维能力，能帮助你以后做决策和管理人。如果你想做科学家，那必定要足够聪明吧，难道你连现在这么简单的学习都学不好？就算你想做一名普通的销售人员，销售还分好多种呢，也需要专业知识呀。

当孩子对自己的兴趣爱好比对学习上心时，我觉得我们应该高兴，因为这至少说明孩子有热情也有能力，很有发展的潜力——只不过没用在学习上。这时我们不必过多限制孩子，让他们去钻研自己感兴趣的事情，鼓励他们拥有特长；同时要心平气和地告诉他们，想要今后有好的发展，完成基础的学习是十分必要的。

因此，想要激发孩子学习的兴趣，一要给孩子解释清楚学校学习的意义；二要帮助孩子把学习应用在实践中（例如和今后的职业生涯相联系、参加一些职业体验的活动），或者在实践中学习（让孩子感到为了做好某件事就必须拥有某些知识）。

父母在有可能的情况下要帮助孩子发现自己的特长，并且确定自己未来职业发展的几个方向，那么孩子就会有的放矢地为了自己的目标而去学习。很多孩子的确没有方向感，没有特别多的兴趣，这个和父母的引导开发有很大的关系。在我们的实践工作中发现，对于自己未来要做什么有比较明确目标的孩子，学习起来的主动性和积极性就会更强烈一些。否则，学习的意义只是一纸空谈。

2. 培养成功的信念

陈功说，学习成绩提高不上去感到焦虑，觉得对不起父母想死，很多懂事的孩子多少都会有这种想法。学习成绩提不上去固然和认知水平有关系，但更多的是和情绪、信念相关。情绪就是我们之前说的要对学习有兴趣，觉得快乐。信念则是一种自我暗示，能够激发人的潜力，能够鼓舞人不断前行。

很多时候孩子不想学，只是因为不够自信：孩子们对自己的能力产生了怀疑。

点点从小很听话，特别让妈妈省心。当妈妈生病的时候，点点不仅不打扰妈妈，还会照顾妈妈、给妈妈倒水。家里人都夸点点是个聪明的好孩子。但是上中学以后点点的成绩并不算好。小学的时候点点还是重点学校里中上等的水平，进入初中以后，点点的成绩就只能垫底儿了。

老师也觉得很奇怪，每次和点点妈妈谈点点的成绩时，两个女人只能互相面面相觑：你说这孩子笨吧，他也不笨。平时讲道理都懂，做事也条理分明的。可就是成绩上不去，问题到底出在哪里呢？进入初三准备中考了，学校每天下课后都有科目考试，回家还有大量的作业。点点每天做作业到很晚，可是每次考试的成绩还是不理想。点点很受打击，对妈妈说："妈妈，或许我不适合读书，要不我现在就去工作吧。"

后来，点点来到了我们的咨询室。

"点点，你每天做很多作业，可是考试却考不好，你感到很郁闷。请问你做作业每次都能做对吗？"

"不能……做作业就经常错，考试更错。"

"我听说你小学时成绩非常好，是这样吗？"

"嗯……可是我这个中学比小学还好，里面的同学都非常厉害。"

随着咨询的深入，我们发现点点是因为初中入学的第一次考试考得不够理想，对他的自信心造成了打击。一开始点点也很有奋起的心劲儿，觉得只要下次努力就会更好了。但是接下来，在和同学玩五子棋的过程中，点点发现周围的人"都比他聪明"。后来的一次小考，点点的考试名次还是不够理想，于是点点就认为"我的智力水平也就如此了"。这件事对点点影响很大，好长一段时间他上课的时候都心不在焉，结果导致知识结构中出现了很大漏洞。然后就如同滚雪球一般，落下的功课越来越多，老师讲课他听不懂了，就干脆不听，然后落下的功课就更多了。而点点对自我的评价也更低了。只是点点依然是以前那个听话的好孩子，作业什么的还是按时完成。而家里的父母忙于工作，对老实的儿子身上发生的事情根本没有察觉。

对点点的这种情况，我们首先纠正他的看法，让他不要认为自己"学不好东西"，而是"目前为止还没学好"。接下来帮助点点制订学习计划，指导点点的父母帮助孩子运用学习策略。三个月后期末考试成绩公布，老师用了"突飞猛进"这四个字来形容点点的进步。

如同我们一开始所说的，点点就是对自己的学习能力产生了错误的认知，一是觉得自己没有能力完成学习任务，二是觉得自己的能力不可能改变或者提高。所以培养孩子积极的自我概念、让孩子拥有自信是非常重要的。点点的这种心理状态是比较普遍的一种自我保护机制，比如我们成年人在面对职场发展不顺利的时候，往往给自己这样的暗示：我就是没有后台，所以总是不能够升职。或者我们面对情感发展不顺利的时候，也经常给自己这样的暗示：因为我不漂亮或者因为我没有很多钱，所以我得不到爱情。

但其实真实的原因是我们对于要去努力提升自己产生了很大的胆怯心理，因为我们不知道自己能不能够提升到自己的期待目标，也不知道这种努力会不会很顺畅，所以，把责任归结到一些无法改变的客观原因，比要求自己来得更加容易和没有自责感。简单地说，就是点点对于自己有没有能力去努力提升，自己努力后有没有很好的结果，是没有自信的。

如果孩子缺乏自信，我们在帮助孩子树立自信的时候，要尽量选用适合孩子当前水平的任务。如果给孩子过于简单的任务，孩子并不会因此提高自信心，因为过分容易的成功没有强化的作用。完成有一定挑战性的任务才是有意思的，才是一种进取性的行为。

我们要让孩子谨记的信念：

永远相信自己的实力，不轻言放弃。尤其在遇到困难和挫折的时候，要勇于面对，开动脑筋想办法。

能力是会变化和发展的。不要认为自己很厉害就自满，也不要认为自己比别人差就自卑。

正确地认识自己的优点和缺点。发扬优点，弥补不足。同时也客观地评价和欣赏别人的优点与缺点。

压力是进步的动力。不要害怕压力，与压力共舞。

专注于自身，不要总是和别人比较。正所谓"人比人气死人"，无谓的比较只会让我们分心。与自己战斗，战胜自己就是进步。

3. 克服习得性无助

什么叫习得性无助呢？顾名思义，就是学习到的无助感，也就是在一次次失败的"练习"中重复体验无助的感觉，最后就变成对自己的行为结果感到无法控制、无能为力、自暴自弃。

心理学小知识 ▶▶

习得性无助儿童的特点

心理学家发现：习得性无助的儿童在遭到拒绝后比其他儿童表现出更多的消极行为，他们中有39%的人有社交退缩；习得性无助的儿童在遇到困难或问题时比其他儿童更加缺乏有效策略，他们更倾向于使用无效策略或放弃有效策略！

上面案例中的点点就是一个典型的习得性无助儿童。其实任何人都会遇到做题失败、考试不理想的情况，所以每个孩子或多或少都会存在习得性无助的倾向。要解决这个问题，我们要教导孩子：

第一，注重过程多过结果。注重结果的孩子对别人的评价很敏感，他们相信成功或失败是判断人的能力的依据，所以他们极力避免显示自己的能力不足。一旦学习不顺利、成绩不理想，他们就容易因此焦虑，并且把这些看作是失败。而重视过程的孩子更关心自己的能力是不是得到了提高，他们知道失败可以帮助自己成长、帮助自己看清自己的错误，从而调整学习的策略。

第二，对失败要合理归因。如果把失败归因为自己能力不足，很容易就陷入习得性无助的泥沼之中。我们应该告诉孩子，每个事件的成败都至少由四个因素决定：能力、努力、运气、任务的难度。这四个因素中的任何一点都能造成我们的失败。一般情况下我们不用去强调能力这个因素，好比我们可以说"是因为这次考试太难了（任务难度超出了孩子的能力）"，而不是说"你的能力还不足以完成这次任务"。如果我们能让孩子多从努力、运气和难度这三个角度去解释失败，孩子就能有更积极的行动表现。

第三，强化自我的积极评价，淡化他人评价。告诉孩子与自己比，不要与别人比。尤其是家长不要再说"别人家的孩子"了。

重点二：激发和维持孩子的外部学习动机

以上是从内部去激发孩子学习的动力，下面我们再谈一谈外部动机的激发：奖励和惩罚。

1. 合理的奖励

现在社会上特别流行"夸孩子"的教育方法。因为大家都知道孩子是需要鼓励和肯定的了。但是夸奖不是一味地什么都夸，夸奖是有很多技巧的，也是有很多道理在里面的。

小虎是一个沉迷于网络游戏的孩子。小虎曾经也是学习非常好的，经常受到老师的表扬。后来小虎喜欢上了玩游戏，成绩有所下降。这时老师的注意力也转向了另外几个学习成绩逐渐赶上来的孩子，对小虎的表扬没有了，关注少了。小虎觉得非常失落，更加觉得玩游戏能够排解忧愁、游戏中的世界才是能给他关注的世界，于是渐渐陷入了沉迷的状态。

这只是咨询中的一个个案，可是具有一定的普遍性和代表性。孩子们都希望得到老师和家长的肯定与赞扬，但老师的精力有限，赞扬也总是送给有限的几个人，如果想要成为老师面前的"红人"就需要很大的努力。如果孩子经过一段时间的努力，无法达到老师的期望，不能达到老师对自己的积极关注，就会产生两种倾向：一是放弃学习，将注意力转向其他方面，例如网络、游戏等能够产生替代奖赏的东西；二是采取非常规的方式来提高学习成绩，例如作弊。

我们建议家长做一个孩子综合能力可视表，贴出来。这个能力提升表要尽量多的涵盖孩子各种能力、行为。比如：成绩的进退、做作业速度、帮助家里劳动、自己的卫生管理、礼貌待人、时间分配等等。然后每天记录孩子有提升的项目，让孩子看到自己在各个层面都有成长的变化，从而加强自己成长的信心和动力。也从另外一个角度让孩子知道父母关注孩子的成长是多方面的，不是单一成绩方面的。

心理学小知识 >>

高中生的两极分化

　　研究中发现：高中生两极分化普遍，随年级的升高，两极分化趋势明显。这是因为在平时的教学与管理过程中，教师对符合教师期望的学生积极关注，这样就使学生的行为指向教师的期望，忽视或压抑自己真实的想法和行为。一部分学生能够达到教师的期望，得到了教师的积极关注，但他们的学习压力是很大的，因为他们知道一旦他们不能达到教师的期望，就会失去教师的积极关注。另一部分学生没有完全达到教师的期望，失去了教师的积极关注，使学生的尊重和爱的需要没有得到满足，产生了强烈的挫折感。

　　不仅如此，如果我们把夸奖用得不是地方，还会对孩子的行为起到反效果。当最早有心理学家发现了"外部理由效应"后，世界各地的心理学家都对这个理论进行了反复的检验，做了无数的检验实验，结果发现：如果孩子因为自身的兴趣去做一件事，这时候我们对他进行外部的奖赏，结果就会损伤孩子对这件事的兴趣和动机。这是为什么呢？因为如果我们自愿去做一件事时，我们会把自己的行为解释为"因为我们喜欢、我们愿意，所以我们在努力"；这时如果有了夸奖、奖励，我们就会把外部的理由加进来，把行为解释为"因为我们愿意、喜欢，还有因为我们想得到奖励，所以去做这件事"。做这件事所需的努力和这件事的价值没有变，但是我们去做这件事的动机变多了，那么原来我们自发的动机所占的比例就小了，也就是"外部理由损害了内部动机"。如果外部的奖励足够强大，结果就会变成"我们为了得到好处才做这事"；这时候撤去奖励，我们就再也不想做这件事了。

记得那个故事吗，有一群调皮的孩子每天在一位学者窗口唱歌，学者很烦躁，于是这位学者就和孩子说，你们每天在我窗下唱歌，我给你们一人每天五块钱，一周后，学者说，我现在钱没有那么多了，你们每天唱歌，我给你们每天每人一块钱，又过了几天，学者说，我现在更加穷了，我给你们每天每人五毛钱，到最后，学者说，我每天给你们一人五分钱的时候，孩子们再也不愿意在学者的窗下唱歌了。

一个原本内发的行为，因为变成外在奖励行为而最终因为奖励的弱化而使得行为消失。

说了这么多，难道我们就不应该对孩子进行鼓励吗？青春期的孩子有较强的自尊心，当他们的言行受到肯定和赞赏时，会产生强烈的满足感；如果得不到，就会产生强烈的挫折感，减弱学习的欲望，降低对学习的兴趣。

所以我们还是得奖励，但是要这样做：

第一，不要用奖励去控制孩子。不要试图让孩子为了奖励而考高分。或者说一些"我们这么辛苦都是为了你，你一定好好努力""爸妈挣钱还不都是为了你，你想要买就买，只要你学习好"。

第二，奖励要与孩子的付出相一致，让孩子觉得无愧于接受这样的奖励或夸奖。

第三，奖励要以精神奖励为主。比如微笑、关切的目光、赞赏的语言，或者是爸爸妈妈的陪伴时间增加，这些带有情感色彩的鼓励和表扬是最好的。

要知道每个人对于自己的评价和判断是有自己的内在认识的，比如你总是随地丢垃圾，但有一天你无意识把垃圾放进垃圾桶，刚好有人为此特别地表扬你，并且还四处和人说你是一个多么自律多么爱护环境的人的时候，我们会有愧不敢当的脸红感。

我们的孩子对自己的能力和当下的水平其实有自己的判断，如果我们作为家长给与孩子的表扬鼓励远远超过了孩子的内心真实自我判断，那么这个时候孩子的同一性就会出现问题，他们就会把这样的表扬转换成为要求和压力。

2. 合理的惩罚

有时候大人都会犯傻犯错，何况孩子呢。如果孩子做了出格的事情，如果孩子"犯了混"，如果我们要让他们记住教训，不再反复做同样的事情，那就要用到惩罚。但是惩罚是最后的终极手段，终究还是不鼓励大家使用。和奖励一样，惩罚要适当，要与孩子的情况相符合，同时也应当尽量使用精神惩罚。

实质上的惩罚，我推荐国外已经使用数十年的方法：让孩子去自己的房间"关禁闭"。当孩子小的时候，我们用"出局"的惩罚方式，让孩子短暂地脱离游戏环境和社交联系，从而让孩子意识到刚才的行为是不被大家（社会）所接纳的，如果那样做是会陷入孤独的。"禁闭"也是用同样的道理去惩罚孩子：因为你做错了事情，所以现在要剥夺你的娱乐生活，让你在一个清静的环境中自己去反思。

当然这个禁闭是广义的，比如年龄小的孩子可以用自己站一会，别人都不和他说话的方式完成；年龄大一些的孩子，可以用暂时剥夺娱乐的方式完成。

重点三：帮助孩子学会运用学习策略

"我高三了，我平时都很努力地自己去背书复习。每天做题就要做到十一点左右，可成绩还是不好，还是感觉很吃力。最近我发现，不但学不好，还退步了……这是什么原因？我该怎么办？怎么才能放松自己？"

这个孩子和文章一开始讲到的陈功一样，他们用功了，他们努力了，他们做出行动了，但是却收不到成效。如果孩子已经具备了学习的兴趣，也有学习的能力，但是成绩却比其他能力水平相当的同学要差，孩子会怎样呢？肯定会感到非常挫败和无力，还会认为自己比其他人要笨——糟糕，这岂不是要陷入"习得性无助"了？这时就需要我们帮助孩子学会运用学习策略，而这项工作理应从小学就开始进行了。

研究发现，智商高的人都善于使用学习策略，从而能够轻松有效地学习。

记得我高中的时候，有很多成绩好的人被同学们称为"大牲口"。因为他们的成绩比别人好太多了，还因为他们看起来一点儿也不吃力，该玩儿的时候玩儿，不该玩儿的时候还在玩儿！有几个男生是有名的"考试前三天全都泡操场"的角色，甚至到了高考前他们也是这么干的。一般人或许很难理解，总觉得越到考试前越应该抓紧时间复习啊，能多看一点儿是一点儿啊。其实不然。

这些孩子在平时上课的时候就把知识学得很扎实牢靠了，到考试前夕只要简单地过一遍就好了。由于时间上相邻的记忆会互相干扰——也就是说你后记忆的东西可能会"覆盖"掉前面记忆的东西，所以考试前看太多遍反而会扰乱他们脑中的知识结构，而且也容易形成紧张的心态。所以他们干脆就玩篮球啦，既放松心情又锻炼身体，晚上还睡得好。别人问起复习得怎么样就胸有成竹地说"已经没问题啦"。这种方式只要成功一次，就有了底气，下次就可以继续这样做，变成了"习得性信心"。这些孩子就是善用学习策略的典型。

其实学校里面成绩好的人并非都是高智商，因为学校的考试是以普通人为受众的，并没有那些特别竞赛那么难。普通智商的人通过运用学习策略可以考得和高智商的人一样好。那么学习策略都有哪些呢？

1.记忆的策略

记忆的方法有复述、组织和精加工。

复述是出声或不出声地重复学习的材料，帮助记忆。复述的方法有逐字重复、画线和概括，例如，"测验是通过一定的法则用数字对事物进行描述。"将这句话下面的"法则""数字"和"事物"画线，并进行记忆。这就是画线和概括的运用。

组织是将学习材料按照一定规律组织起来，变得易于记忆。比如画一个知识网络图，或者将大段的理论、文章提炼成一个个标题。

精加工就是想办法去记忆和理解材料。比如懂得里面的道理、原因，从而能够像定义发明者一样的思考，能够顺利地把定义或理论的意思表达出来。还有联想法，比如马克思的诞辰日是1818年5月5日，可以记忆为"马克思一巴掌一巴掌打得资产阶级呜呜地哭"；英文单词"chaos"是混乱的意思，可以从拼音的角度拼出"吵死"，"因为教室很混乱所以吵死了"，从而将单词的意思记住。

2. 如何管理学习的策略

首先要帮助孩子制订学习计划和学习目标。有自制力的孩子这些目标和计划可以在他们的头脑中进行，例如"今天要用一小时把作业写完，然后做完明天的预习功课，休息一会儿后，把下周要进行的历史考试复习一下"。但是对更多的孩子，我们需要让他们列出一个详细的计划书。这份计划书最好能从一个学期的角度来做，首先将本学期最终希望达到的目标写好，然后再逐步分解为小目标，最后细化到每天应该怎么做。在整个计划过程中需要让孩子了解什么是"时间管理"，包括每个科目分多少时间，每天的娱乐时间是多少，如何平衡学与玩，如何平衡强项与弱项。

然后我们还要让孩子懂得预习、听讲和复习的重要性，并能够积极有效地进行这些活动。

3. 自我调控的策略

孩子学会管理自己的学习活动后，还要学会调节和监控。比如今天状态不好，可以少学一点儿，明天状态好，则可以多学一点儿。这部分还包括了孩子的意志力锻炼与心理状态的调节。坚持枯燥的学习是需要意志力的，善于自我调控的孩子，说明孩子有很强的意志力，同时在这种活动中意志力也得到了锻炼。心理状态包括对学习的信心和兴趣、对考试的焦虑等内容。

全勤是个好品质

导读：天天上学也是个好习惯。

晶晶上中学后，家离学校比较远了，每天都要坐半个小时的车上学，晶晶迟到的次数也多了起来。开始，老师打电话给晶晶的妈妈反映这一情况，晶晶妈妈还觉得没什么，坐车上学，路上难免会遇到突发情况，偶尔次数变多也很正常。但渐渐地，晶晶妈妈发现，以前起床晚了，晶晶还很着急，现在却不慌不忙，根本不把迟到当回事。晶晶妈妈这才意识到，迟到并非小问题。

而且，上了中学的晶晶，鬼主意变得更多了。晶晶会假装生病，把体温计放在热水中或者灯泡上，让妈妈以为自己发烧了。然后不去学校，在家里尽情地看电视、听音乐。以前晶晶的功课还是不错的，可是上了中学以后，一方面功课变难了，另一方面晶晶的爱好更广泛，分配给学习的时间就少了，晶晶的成绩便一路下滑。晶晶心里觉得有点儿慌了，可是又不知道怎么办才好，干脆更频繁地假装生病、不去上学。就这样装着装着，晶晶真的变成了只要去上学就发烧的体质，不得不去医院挂号就诊了。

原因只是不爱上学吗

其实，孩子爱迟到、孩子不爱上学，这种情况和家长有很大的关系。

晶晶的妈妈是一个特别随和开朗的人，因为小时候受到家里的严格管教，所以决定对自己的孩子一定要放松一些。晶晶小时候上的是全托幼儿园。因为晶晶很懂事，每次去幼儿园都不哭不闹，晶晶妈妈心里反而更加难受，觉得对不起晶晶。于是只要晶晶有个头疼脑热的，晶晶妈妈都会尽量让孩子在家多休息几天。比起幼儿园，当然还是家里更舒服，尤其是晶晶喜欢在家看书和邻居小朋友一起玩。所以慢慢地晶晶也学会了找理由晚去幼儿园，比如早上起床故意磨蹭，或者路上故意慢慢地走，上公共汽车的时候故意嫌人太多；等到了幼儿园再说想要上大号，去厕所蹲好久……晶晶的小学离家近，加上刚上学的新鲜劲儿，表现还不明显。上中学后学习环境变了，晶晶也长大了，问题一下就凸显出来了。

晶晶妈妈说："这孩子现在没事就跟我说什么上学没用的言论，真是气死我了。"晶晶则说："上学有什么用？学的东西工作以后也用不到。你看我爸爸以前学计算机的，然后去经商了。现在这么简单的电脑系统操作都不会用了。爸爸以前学习可好了，可是现在初中数学题都不会解了。"

这就是我们之前讲到的"要让孩子理解学习的意义"的重要性。

当孩子不理解学习的意义，当家长没有给孩子做出好的表率和解释时，孩子就无法正确地去认识学习这件事。因为他们经历太少，没有对人生的感悟，也无法理解那些感悟。他们所理解的就是看到的事实。而对于晶晶来说，她看到的就是"爸爸虽然学习好，但是和工作、挣钱没有相关"，所以"学习就是没用"。而晶晶妈妈所做的就是"感到很生气"，或者嘴头上说晶晶不对，但是没有任何实际上的行动。来咨询的很多家庭是这样的：当孩子表现得不尽人意时，家长们只顾着不满、愤怒，却不去帮助孩子成长和改变，似乎认为孩子完全可以靠自己去改变成家长想要的样子。因此，要想让晶晶改变，需要让晶晶看到的是各种事实，让晶晶自己意识到学习的作用、学习的目的，可以采用之前文中我们提到的那几种方法，有条件的话可以让晶晶去听听一些正在找工作的大学生的说法。

晶晶的妈妈本来是好意，认为只要学到东西了，不去学校也没关系，没有必要对孩子太过严格。究其原因，来自晶晶妈妈小时候的不愉快的回忆：每当她不想去学校的时候，被父母强逼着去学校，那种伤心、气愤的感觉让她记忆犹新。

可是这样的结果让晶晶养成了散漫和不负责任的坏习惯，而且让晶晶形成了错误的价值观，让晶晶觉得去不去学校都无所谓。但学校的作用并不仅仅是让我们学到知识，更重要的是让孩子学会融入社会的场所，让孩子适应制度、秩序、规则和社会责任的场所。

小鱼也曾经有着和晶晶相似的中学生活：同样被母亲宠爱，同样可以经常不去上学。不同的只是小鱼没有因为学业感到压力，进而患上身心疾病。但是当小鱼进入了社会、开始工作的时候，小鱼仍然像上学期间一样三天打鱼、两天晒网。有哪个老板喜欢这样的员工呀？小鱼频繁地换工作，换到最后没得换，干脆就在家待着了。

　　家长对孩子的"过于理解"，反而让孩子变得软弱、不能适应社会。这种理解其实不是理解，而是家长对自我需求的一种投射。"孩子上学很辛苦""不应该给孩子压力""女孩子不用学习太好"……这些观点其实都是晶晶妈妈和小鱼妈妈自己的想法，是当初她们上学时的想法。当她们的这些想法没能实现，她们把这些想法放到了自己的孩子身上，当看到自己的需求在孩子身上得到实现，她们也会觉得满足——这绝对是一种溺爱。溺爱之后，孩子就如同一直在母亲的子宫中一样，受到保护却与世隔绝。当孩子进入社会，与他人接触后就会产生各种不良的反应。而被溺爱的孩子除了继续回归到母亲的"子宫"（溺爱）中成为一个长不大的孩子，就是破茧成蝶——但这需要孩子付出极大的努力，经历极其痛苦的蜕变。

　　"上学"这两个字除了承载着学习知识的内涵，还有形式上的作用：坚持上学也是在锻炼孩子的坚持性，培养孩子的一种秩序性和好习惯。

　　这里的案例或许家长朋友们会觉得我们才没有这样对孩子过度理解，但是有一个问题或许是家长朋友们忽略的，就是作为家里经济主要支撑的父母，对于孩子的管理或许会因为时间等客观原因转移了一部分到老人、保姆、寄宿学校方面，而老人对孩子的疼爱会导致老人忽视很多孩子的行为习惯带来的问题，而保姆对于孩子的责任心更多的是在保护安全层面而已，寄宿学校学生之间的相互效仿和学校方面对众多学生管理的疏漏都是客观存在的事实，所以，在孩子比较小的时候，如果因为这些原因而导致孩子的不良习惯已经养成，那么这个习惯逐渐就会成为上述案例当中导致孩子最后出现很大问题的根源。

青春期孩子的父母在面对孩子的时候，要情绪温柔且坚定地制订、执行一些新的规则。温柔是为了让孩子知道，爸爸妈妈管理你并不是不认同你，不爱你；坚定是为了让孩子知道，虽然爱你，但有些事情是原则性的，没有商量空间的。

如何改掉坏习惯

要想让晶晶和小鱼她们重新获得秩序性，我们就要帮她们改掉随心所欲的坏习惯。

首先，为了让坏习惯改起来容易一点儿，我们可以举办一个坏习惯的"告别仪式"或者"宣誓仪式"。我们平时的工作当中经常会提到接待某人要"正式一点儿"，或者合作方式要"正式一点儿"，这说的就是要表现足够的尊重和诚意，让人感到承诺和责任。在仪式上我们可以准备好稿子，让孩子大声念出坏习惯给他带来的困扰和坏影响，承诺以后要如何做、如何摆脱坏习惯，以及最后要达到什么样的目标、养成怎样的好习惯。

其次，我们一定要制订好详细、周全的计划，并且严格地按照计划来实行。将总目标分解成数个小目标，一小步一小步前进；每次进步都给孩子反馈。例如，如果我们要爬山，目标是山顶，山顶就是我们的总目标。但是如果盯着山顶爬，估计没多久我们就爬不动了。"望山跑死马"，说的就是这个道理。目标太远大，盯着大目标，我们就看不到自己的努力所达到的成效，所以还要制订小目标。比如在山路上每隔一百米就有一个路标，上面写着你离山顶还有多少米或者多少分钟的路程；小目标之下还可以有小目标，比如你每迈出一步，你每跨过一块石头、一条小溪都是一个目标。每当我们达到一个目标，就给自己一个反馈：一句加油，一个水果，一个贴纸。这些小成果变成可以量化的东西积累起来，便让人感到有成就感，感到高兴，能够继续前进。而总目标就如同北极星，指引着我们前进的方向。要改变孩子的习惯，就需要把好习惯作为总目标，然后将习惯拆分为具体的行为，每减少一次坏习惯的行为都是一个细小目标，一个礼拜下来的成果是一个大一点的目标，以此类推。

最后，一个好习惯的养成需要至少21天，一个好习惯的巩固需要两个月以上的时间。作为家长，在这整个过程中一定要有耐心、有恒心。这样也是在给孩子做出榜样。

其实每次失败都是一次成长的机会。家长不应该惧怕孩子跌跤、走弯路、撞南墙，只要孩子能通过这些失败获得经验和成长，那都是财富，是别人没有的体验。可怕的是经过了这些失败还继续犯同样的错误，甚至被家长过度呵护、抱在怀中，回到婴儿的状态。

为什么总犯同样的错误

导读：同样的题怎么老是错？

老王在给儿子的测验卷签字时发现，有几道题明明前两天才给儿子讲过，儿子也表示听懂了，可这次测验又做错了。这种情况已经不是第一次发生，在生活里，无论是家长还是孩子，总会常常发出这样的抱怨："一道题错过无数次，下一次遇到却还是错了""一段文章背了无数遍，可是总还是会卡在同一个地方""同样的错误总是犯，还是很低级的错误"这是为什么呢？

这样的困惑相信一定困扰了不少的家庭，从幼儿教育开始便毋庸置疑地成了非常重要的一环，那么，到底有没有一个科学的解释可以为我们来解答这个问题呢？

为什么会反复犯错误？——"首因效应"

其实反复犯错误是有它客观存在的原因的。

孩子的错误有时候并不是因为所谓的笨或者不努力而造成的，当有的家长在拿着孩子的作业本，指着其中的错误大声指责孩子的时候，一定没有想到，这种批评的行为，其实在某种程度上是在无形中又为孩子犯下一次错误埋下了"种子"。果真如此吗？让我们先来了解一个心理学效应——"首因效应"。

心理学小知识 >>

首因效应

首因效应是社会知觉效应的一种形式，指在人际知觉过程中最初形成的印象起着重要的影响作用，亦即"先入为主"带来的效果。虽然这些第一印象并非总是正确的，但却是最鲜明、最牢固的，并决定着以后双方交往的进程。在记忆效应中则指的是系列位置效应的一种形式，指人们识记一系列项目时，对开始部分项目的记忆效果优于中间部分项目的现象。

"首因效应"其实也就是众所周知的"第一印象效应"。试想在生活中我们是不是会常常以貌取人呢？第一次上班遇到的面容清秀或者慈祥的同事我们总会不自觉把他们归为友好的、善良的，而看到面孔严谨、不苟言笑的同事我们就总是认为这个人一定不好相处，实际上当相处久了，事实则不尽然。这与孩子们的错误有什么关系呢？其实，我们之所以会在人际交往中产生"首因效应"，是因为往往我们对于最先接受的信息所形成的最初印象构成了我们脑中的核心知识或者是记忆图式，后续的信息很容易被同化进最初的记忆结构中。

试想一下，在"茫茫的题海"之中，错误大多数时候都是少数的、"鹤立鸡群"的，而被关注最多的也是它们，无论是鲜红的大叉还是老师和家长一遍又一遍的强调指出，都会不断加深孩子们对于这个错误的印象，而一旦这种深刻强烈的第一印象形成，就很容易让孩子在以后的生活中"重蹈覆辙"了。因为即便这种先入为主的知觉非正确，但它们却是最鲜明、最牢固的，并会很大程度上决定着以后再面对同一个问题时的解决方法和处理方式，这种效应的持久性也就一定程度上造成了孩子们不断地在同一个地方跌倒的现象。这种力量就像一只无形的手一次次把他们头脑中的思维拉向了同一个地方，所以我们才会在生活中遇到各种孩子总会错一种类型的数学题，总会记不住文章的同一个段落或者句子的情形，当再发生这样的情况时，作为家长，是不是应该思考一下如何用一种更加有效合理的方式来处理和帮助孩子解决这个"老大难"问题了呢？

如何避免重复犯错

1. 对于容易混淆的概念，要逐一攻破；对很多个容易重复犯的错误，也要逐一改正

按照上文所说的，当孩子再次犯错时，家长似乎就不应该再去指责孩子们了，可是，难道就这样听之任之吗？

听之任之的结果是：孩子们仍然保持着错误的记忆。比如，很多中学生在学习的时候容易混淆概念或者单词。总有两个或者三个形似的单词，每次一遇到这几个单词的填空，就记不清到底哪个是哪个。这是因为孩子们总是记着"我记不清这几个词"，并且总想同时记清楚这几个词。其实正确的方法应该是将错误逐一攻破。

例如，"hostile"是敌意的意思，"hospitable"是好客的意思，这两个单词明明意思相反，但前三个字母一样。苹苹每次看到这两个单词，都想不起来到底哪个是"敌意"，哪个是"好客"；一提起"好客"或者"敌意"，苹苹也只能记得"反正前三个字母是hos，后面就忘了"。苹苹经常把两个单词拿来一起盯着看半天，但是背完就又忘了，这是因为这个错误已经在苹苹脑中形成了定式，一时很难破解，所以反而不应该将这两个词联系着记忆。后来苹苹就只记一个词，直到将这个词反复运用到滚瓜烂熟，第二个词自然也就搞定了。

本来这种小技巧应该从小学就学会的，但是像苹苹这样的中学生有很多。他们往往在小学时没有得到父母的帮助和指导，反而被强化了"你怎么老是反复犯同样的错"的印象。

2．将错误记在本上

重复犯错本身就是我们对自己的记忆处理出现了一种错误——我们会重复犯错就是在遇到同一个问题时忘记了之前犯的错，再一次提取了错误的方式的实施。所以对于这些错误的记忆不能仅仅依靠我们的大脑，而要借助工具——纸、笔。培养孩子将每次错误都记在本上的习惯，这样对错误的回顾会更加具体和直观，改正起来也更容易。

错误的记录要包括时间、地点，对错误类型的总结，对错误原因的分析。下一次又犯同样错误的时候还要照这种格式记录，这样就可以总结出来经验和规律，看看到底是什么时候容易犯错，因为什么犯错，犯哪种错误。如果孩子早早就有记录错误的习惯，基本上就很难有"总犯同样错误"的问题。

3. 犯错误后要有后果

很多时候孩子反复犯同样的错误，是因为这个错误没有给他们带来什么不良后果。所谓"一朝被蛇咬，十年怕井绳"，能反复犯同样错误，必定是这个错误不够"痛"。例如小题目丢分，只有一两分，所以多次犯同样的错误。因此，有了记录本之后，对每次错误都要分析、反省，要制订相应的改正计划，并且监督改正的成效。由于总犯同样的错误，就相当于已经形成了一个习惯。所以改起来并不是很容易的，对家长和孩子来说都需要耐心，给孩子时间。

4. 对于"正确"也要有分析过程

家长朋友们往往只是单一地盯住孩子的错误进行剖析，忽略了孩子做得"正确"的那些部分。其实正确的方法是，我们不仅要帮孩子找到为什么会犯错误，还要帮孩子看到为什么我可以做"正确"。在分析"正确"的过程中，我们要对孩子改正错误给予肯定，还要对孩子能做到"正确"的状态给予积极的鼓励。

宁宁的家长在我的家长课堂中学到了这一理念之后，每次对于孩子作业、测验都有全面的分析，比如某次测验宁宁得了87分，妈妈不仅会帮他分析解读丢掉的13分是知识掌握问题还是自己粗心大意问题，更会对于那获得的87分给予关注，她会将孩子做对了的一些题目再口述考核孩子一下，当孩子回答正确的时候，她给予表扬甚至是赞美，尤其对于以前有过错误或者粗心导致丢分而现在能够回答正确的部分，让孩子看到自己的努力得到一个正面反馈。

这样会让孩子有这样的解读：做得不好是需要改正的，做得对是自己努力的结果，也是值得骄傲的，不是做得不好就是罪过，做得对是理所应当的。从而孩子会为自己努力获得的成绩而产生幸福感和价值感。

其实孩子本身是没有智力上或是生理上的问题或是缺陷存在的，他们所缺少的，仅仅是一种正确的引导和教育方式，他们就像是迷路了的小羊羔，正等待着大人们对他们正确而又充满爱意的引导。

有时候，犯错，其实也未尝不是一件好事情，至少在错误中可以帮助孩子自己和家长发现孩子的缺点或是盲点在哪里，家长不要求事事尽善尽美，少一些苛求，运用科学的方法，一定会看到孩子们有一个喜人的进步。

管不住自己的人什么也干不好

导读：让孩子拥有自我控制的能力。

有一次，一个来咨询的中学生和我说："我也想好好学啊，可是我就是学不进去。""我知道学习好是好事，我知道应该要努力，可是我做不到。""学习确实很重要，但是我一看到游戏机就控制不住自己了……"

在心理咨询中，我们会说这个孩子的说法是自相矛盾的。因为，如果我们"想好好学"，就不会"学不进去"。当孩子说想好好学时，是理智的部分在思考，但是追求轻松、快乐的本能让他"做不到"。而自控力就是能够驱动理智的自我去克服本能的欲望，去做自己"应该但是不想做"的事情。

如今，斯坦福大学最受欢迎的心理学课程之一是"意志力科学"，也有将它翻译为"自控力"的。从此不难看出人们对于自我控制能力的热衷，但另一方面这也恰恰反映出了人们意志力的缺乏。

事实上，意志力的培养如果能够开始得越早，在生活中我们所能获得的益处也就越多。那么，怎么才能让孩子拥有自我控制的能力呢？

什么是意志力

作为要教育孩子的家长，我们自己首先要弄明白究竟什么才是意志力。

心理学家凯利·麦克尼格尔教授说意志力就是驾驭"我要做""我不要"和"我想要"这三种力量。

自从初中住校以后，元元在同学的影响下爱上了去网吧玩游戏，逐渐发展到逃学去玩。老师跟元元爸爸反映了这个问题后，元元爸爸去"抓"了元元好几次。这天，元元又一次被爸爸从网吧里拎了出来，臊眉耷眼地坐在爸爸妈妈面前，向爸爸妈妈承认错误："我错了，不应该逃学去玩游戏。我让爸爸妈妈担心了，我不想总玩网络游戏，不想成绩再下降，我真的觉得这样不好，可是我忍不住……"说到这里，元元忍不住哭了。

"我不想考试再粗心了""我不想总玩电脑了""我不想总是看电视了"……当我们听到孩子说出这样的"口号""声明"时，其实这往往代表着孩子正在用意志力与欲望做着最后的反抗。这时孩子嘴里说出的"不"，通常就是全身上下每一个细胞都在呐喊"我无法说不"。

所以，当我们听到孩子对我们保证说自己再也不干什么事情时，我们应该意识到孩子此时内心的挣扎，帮孩子一把：教孩子换一种想法和说法，把不做什么换成要做什么。例如，教孩子把"我绝对不再沉溺于网络游戏"换为"从明天开始，我要逐渐减少玩游戏的时间，直到每天要控制自己只玩一个小时的网络游戏"。

千万不要轻视这样一个小小的转变，大脑的力量是神奇的，当下达了"要做什么事"的指令时，即便在内心是怎样的焦躁不安与心不甘情不愿，意志力都会像一根神奇的鞭子代替作为父母的你鞭策着你的孩子去做他承诺过要做到的事情。当然，这并不是一种百发百中、屡试不爽的方法，因为还有一种力量叫作"想要"，这是自控的核心。因为对孩子来说，无论是需要改掉一些不好的毛病还是应当去培养某些良好的习惯，其实都源于他自己想要成为一个怎样的人。如果少了这样的内驱力，就不太可能会拥有一个强大的自控力了。

那么，作为引导者的父母能做的就是帮助孩子，和孩子一起梳理自己的想法，弄清楚孩子真正想要的是什么——没准不再沉溺网络游戏其实是想让自己不要戴上厚厚的眼镜，是想要自己能有一双明亮动人的双眼。当有了一个清晰地"想要"之后，它就会像拴在绳子上诱人的草料，不断驱使着后面的马儿努力向前赶路。

弄清楚了大脑所赋予人的三种神奇力量之后，可能有的孩子甚至是家长依旧无法明白为什么要去训练所谓的"自控力"或者"意志力"。难道没有这种能力就没有办法生存吗？答案肯定是否定的。但是如果要过一种自己想要的幸福生活，就一定是肯定的答案了。

对于大多数的孩子来说，自控力的作用有的时候甚至会超过一个高的智商。现实的意义就是一个拥有顽强意志力的孩子会更容易成为一个优秀的突出的孩子。

每一个家长都会在心底深处有着"望子成龙、望女成凤"的美好期待，虽然并不总是表达出来。而一个良好的自控力会帮助你的孩子在学习中掌握充分的自主性，不再是那个注意力总也集中不了的"问题儿童"，同时因为他非常明确地知道自己想要的是什么，在面临外界诱惑与选择时，就总能够做出正确的决定。自控力甚至还可以帮助孩子控制自己的情绪，从而更好地应对学习与生活上的压力，在行为上也能够勇于挑战自己遇到的困难、学习处理自己遇到的难题。这种能力就像是一个最好的教练，全天无休地陪伴着你的孩子成长，最终能帮他生活得更加健康和充实快乐。

如何获得"神奇"的意志力

听起来神乎其神的能力其实并不是遥不可及的，孩子天生就具有这种能力，只是还不够强大。有神经学家把我们的大脑划分为了两个我：一个是随行肆意、贪图享乐的我，另一个是严格审慎、条理清晰的我。当要决定是安安静静坐下读一本好书还是去客厅看一集动漫或者电视剧的时候，孩子脑中的两个我就会产生巨大的分歧，而最后也总会有一个胜负之分。就像任何一种技能一样，自控力是需要去训练的。正如本文的标题一样："管不住自己的人什么也干不好。"

要想帮助孩子脑中那个"明智的我"获胜的话，父母们可以尝试对孩子做一些有益的引导。

其实在面临两个我的争执时，孩子的大脑是很累、负荷很重的。如果你意识到或者感觉到自己的孩子正处于这样的时刻时，让孩子和你一起深呼吸吧！

"深深地吸一口气——吸——再深深地呼出——呼——"，让他和你一起做，哪怕只有短短的两三分钟，效果都是意想不到的。当然，建议最佳时间为五分钟左右。呼吸的作用是调整唤醒最佳的自控的生理状态，这个时候再为"明智的我"加油鼓劲、提供动力就容易多了。哪怕一两次达不到这样的效果也不要紧，自控力也有疲惫和达到极限的时候，不要放弃，不断尝试，不断放松就一定可以做到的。

当有了最好的状态时，接下来就是与自己的思想做斗争了。你应当要让孩子意识到，有时候自己想要做的事情并不真正是自己所需要的或是能够带给自己真正意义上满足的。或许这个道理听起来略微有些拗口，让我们用一种简单的例子来举个例子。比如孩子说他想吃很多的垃圾零食，像可口的冰激凌、高热量的薯条、诱人的冒泡的碳酸饮料等，家长仅仅简单粗暴地制止那一定是没有效果的。但是聪明的父母们会借用这个机会，帮助孩子去证实使他们真正满足的并不是这些事物本身，而是我们的渴望本身。有一句话说得很有道理，其实无论我们是否选择去满足欲望，他们最终都会消失殆尽。

心理学小知识 ▶▶▶

奖励系统

在我们的脑子中有一个叫作"奖励系统"的区域，每当这个区域受到它所需要的刺激时，它就会给大脑发出一种："再来一次！这回让我感觉更好！"的信息，但事实上这只是我们的生物性自我在寻求更多刺激。刺激本身是不会带来任何的满足与预期的幸福感的。这个系统区域中的一种叫"多巴胺"的物质造成了这个"欺骗"的作用。

作为想培养孩子自制力的家长，你可以选择告诉孩子这种物质的存在并教会他们去体验和接受自己的欲望；去感受，无论好坏，都张开怀抱迎接。最后孩子自己也会发现其实自己的期待和最后实际所获得的幸福感并不是完全等价的。

同时，当我们能够对自己的感受有了一种科学与理性的认识的时候，要想管理它就容易多了。一边期待着自己想要的"奖励"，一边真切地感受到现实的状况，渐渐地，孩子智慧的大脑自己就会学会调节二者的平衡，降低期望值，从而要控制自己的渴望也就容易多了。

还有值得父母们注意的一点就是一定不要给孩子过大的压力，不管是你想要孩子去做什么事情还是想要制止他做什么事情的时候。因为有科学研究证明，在感受到压力或者情绪低落的时候，大脑更容易受到诱惑。来自外界的压力会更加将孩子推向他自以为能带给他快乐的事物，就像成年人在感受到压力时喜欢选择购物、暴饮暴食一样。另外也不要总是在孩子不能立刻做到你的要求或是无法完成目标与任务时就给予严厉的指责和批评，因为这样只会把事情搞得更糟，让孩子在痛苦中更加讨厌自己，更加失去了要自我控制的积极性和热情。所以我建议父母能够经常和孩子一起参加一些户外活动、鼓励孩子听听音乐看看书等，无论孩子是否正在感受到压力，这些行为都会为自控力的增强添砖加瓦。

对于父母来说，一定要注意到的就是：如同意志力科学这门课本身是开设在大学当中一样，一个成年人尚且会面临许多由意志力缺乏带来的困难和困惑，更何况是正在成长的青春期的孩子们呢？不要想着会有所谓的灵丹妙药能够帮助孩子的意志力在很短的时间内就长成参天大树。事实上，无论称之为意志力也好，自控力也罢，都是孩子和父母需要一起修习一生的必修课。记住，是必修课。因为，管不住自己的人真的什么也干不好。

明天要考试

　　导读：学习、考试那点儿事，真让我们头疼！怎么对付考试？考试前应该如何准备？

　　郑奇这孩子看起来其貌不扬，既不像那些典型的好学生一样经常答出大家答不出的问题、给老师留下深刻印象，也不像那些淘气包一样虽然成绩不好却又非常擅长在课堂上给老师难堪。老师们对郑奇的评价不是"聪明""机灵""好学"，而是"这孩子会考试"。郑奇的好朋友子轩也特别羡慕郑奇：这家伙的神经难道是铁做的吗？每次考试前子轩都会特别紧张、担心，可是看看郑奇：轻松优哉，好像没这回事一样！一到快要考试的时候，每个班的教室都变得和平时不一样，充满了学习的热情和氛围；自习课上的格外安静，也透着不可言说的紧张感。这时便分外凸显郑奇的那份轻松自在。偏偏考试之后成绩一公布，郑奇都稳稳地保证在前十名里面。

为什么郑奇"会考试"

　　像郑奇这样的孩子，智力不一定非常高，但是善于运用学习策略，有良好的学习态度和正确的学习观点，那么他就是一名优秀的学生。聪明的孩子不一定能成为优秀的学生，而优秀的学生必定可以做出优异的成绩。

那么优秀学生和普通学生的区别在哪里呢？比起一般的孩子，优秀学生具有正确的学习观念，能够灵活地运用学习策略和方法，善于将自己的学习和心理状态调整到最佳水平。好比郑奇虽然不够聪明，解不了难题，但是他知道把基础题的分数拿住，基础题不丢分；在合理理解自己能力和知识结构的基础上，调整好心态，充分发挥自己的潜能。

影响考试成绩的因素

心理学研究发现，在20个高考成功因素里面，排在第一位的就是考生考试中的心理状态；第二位呢，是考生考试前的心理状态；第三位是学习的方法；第四位才是学习基础。如果心态调整得好，高考分数能提高五十到一百分，调整不好则能丢五十分以上——这可差出几个档次去了。美国教育心理学家温斯坦教授指出，善于运用学习策略的学生是"智慧者"。他们擅长对自己的学习活动进行有效的策划和监控、管理，因而主体积极性发挥得好，自主学习能力强，学习态度积极，学习效率高、效果好。而那些只知道死记硬背、不会使用学习策略、不会动脑的学生被称为"盲学习者"。他们只知道拼时间、死用功，但是学习效率低、效果差，知识结构混乱，学得苦，学得累，心理状态不好，情感态度和价值观消极。对此，我们可以简单总结为一句话：想要轻松愉快高效率地学习好，需要好心情、好方法。

家长应该怎么做

要是你看过我之前写的几本书，或者你一直在学习如何教育孩子的话，你的孩子应该在小学阶段就培养并保持了对学习的热情和兴趣。不过，上了中学后，在新环境、新知识和身体心理的快速发育的"轰炸"下，孩子对学习的热情很可能受到打击或影响。比如当孩子发现用以前的学习方法不能得到和以前一样好的分数后，孩子会怀疑自己变笨了、不如别人聪明了。受到这样的打击，孩子对学习的主动性下降，对考试的焦虑上升，下次考试成绩更差了，于是孩子更加确定自己不如别人了，结果就陷入了恶性循环，说不定还会发展成自卑心理、厌学甚至逃学。

以下是我给家长的几点建议：

（1）帮助孩子分析情况。帮助孩子分析一下新学校的同学是什么水平、老师教的知识是什么水平，和孩子自己的水平之间差距是多少。让孩子对自己有客观的评价，不要让孩子或者家长对孩子的成绩有不现实的期望。这是为了保证孩子的自信心，不盲目自卑或自大。

（2）分析情况之后，帮助孩子制定新的学习目标（不要按照以前的标准来要求孩子）。

（3）帮助孩子制定新的学习策略。和小学时的学习不同了，新阶段的学习内容更新了，学习方法也要更新。

（4）我们的原则依然是：第一，保证孩子自信、健康的心态；第二，呵护孩子对学习的兴趣和热情；第三，不过分重视学习成绩。

考试焦虑怎么办

有一个少年这样对我说：眼看就要到期末考试了，这可是我入初中以来最重要的一次考试。可不知道为什么总有一种说不清的紧张感，那个压力好像是"隐形"的。我找不出原因，更不知道怎么解决。我学习起来还不算吃力，按理说考试应该不算什么难事。我的父母也很理解我，在学习上并没有要求过什么，只要我认真学就可以了。但是，我从来都没有像现在这样害怕过考试，因为我们的老师曾经跟我们说过，老师对学生的期望很高，而且也付出了很多心血。我真害怕考砸了会让老师不开心，那样自己也会心里不安的。老师说："现在的竞争很激烈。虽然你们现在年龄小，但竞争已经伴随你们了。如果现在学不好，将来就很难上重点，到时可是很多学生跟你们竞争啊……"老师经常这样说，其实学习也不算很难，可是老师总是给我们灌输这样的思想，我都有点害怕了。虽然那些话也不是没有道理，但我承受不住，真的承受不住。现在的我都不会劳逸结合了，因为我只要一停下学习就会感到心虚，老师的话就在脑子里来回浮现，感到快要抓狂了！怎么办？我该怎么办？

这是一个多么可爱的少年啊。他知道要认真学习，知道劳逸结合，他还知道要听老师的话——但正是因为他太在意老师的话了，让他对考试产生了焦虑的情绪。

什么是考试焦虑

焦虑恐惧是我们预料到了威胁性的刺激，但又无能为力去应付，进而产生的痛苦反应，是对当前或预计到的、对自尊心有潜在威胁的情境的担忧。大多数人在考试时都会受到焦虑情绪的困扰。有的人在考试前忧心忡忡、惶恐不安、失眠、忧郁、精神亢奋或精神萎靡不能自控；有的人在考试中身体不停地出汗、抖动，心神不定、茫然出神甚至大脑一片空白；有的人考试前后会头晕呕吐、食欲不振等。这些都是属于考试焦虑恐惧的表现。有的人考试焦虑甚至形成心理障碍，影响到平时的学习和生活。

造成考试焦虑的原因有哪些

造成考试焦虑的原因有很多种。有时候孩子的焦虑是一种原因引起的，有时候则是多种原因引起的。

1. 生理原因

当孩子休息不好的时候，睡眠不足、身体状态差，都容易造成神经敏感、大脑疲劳等症状。如果孩子平时缺乏体育锻炼或者营养结构不合理导致体质虚弱，也容易在高度紧张和高消耗的考试中坚持不下来。还有女孩子特有的"麻烦"——月经，也会影响孩子考试时的状态。

2. 个人心理因素

当有些孩子天生神经比较敏感时，便更容易受到外界刺激的影响。在别人看来可以克服的困难或可以忍耐的痛苦，对于这些孩子来说要花上百倍的力气。这种敏感的孩子如果在成长的过程中没有得到应有的关注和指导，那么就容易形成胆怯、自卑、悲观的心理特点。他们会很爱面子，对别人的评价过于敏感，对未来的事情过分的担心。这种孩子有时候就算用尽各种方法，也很难避免发生考试焦虑。

3. 期望过高

有个妈妈说，她的女儿学习成绩很好，经常考第一。可是一到期末复习阶段女儿就不想上学了，说她肚子疼、腿疼，浑身上下都不舒服。带女儿去看了医生吧，没有任何问题。但是只要一说去学校，立马就疼得路都走不动，看着也不像是装的。

另一个爸爸和我说，他的儿子考试时明明会做这题，却经常答错；考试容易出神，计算题老错；紧张害怕，不喜欢笑，忧郁；以前学习很好，现在却经常犯特简单的错误。一切全都源自一次考试没考好。

有很多孩子，越是成绩好，越容易得考试焦虑症。因为这些孩子身上的期望和压力太大了。你说一直考第一吧，就担心万一下次没考好怎么办，于是就焦虑了；要是一直考得好，然后真的考砸一次，那更是从此就害怕考试了，怕又考砸了、不能变回以前的状态怎么办。

4.失误的放大

曾经有一位家长来找我做咨询，他的女儿马上中考，女儿成绩一直很稳定，但是中考的模拟考试女儿没有发挥好，这时候父母很着急，带着孩子找学校老师咨询，在家里唉声叹气，甚至带孩子做心理咨询。其实孩子偶尔的发挥不好并不是一件多么恐怖的事情，但是父母过度焦虑的态度，让这次失误的意义转变成：这或许不是失误，这或许才是女儿真正的状态。

这样大阵势的面对偶尔的失误，往往会让孩子对于失误的压力过大，对于自己自身实力产生怀疑。

所以，如果孩子状态相对稳定，那么家长面对孩子偶尔的失误，首先从态度上要淡定，弱化失误带来的影响，要知道孩子自己是有自我要求标准的，她的失误她自己是很有压力，这时候我们家长需要帮孩子消除对自己能力的误解和降低压力；其次，家长应帮孩子分析失误的原因，让孩子在紧张慌乱中恢复理智，客观面对自己的问题所在。

简单地说，孩子因为失误已经被吓坏了，如果父母这时候慌乱不知所措，那孩子就会被自己的失误吓死。

如何克服考试焦虑和害怕考试的心理

第一，培养良好的学习习惯。

焦虑和害怕全是在担心考试以后的结果。很多孩子都是平时不好好学，到了考试的时候又后悔着急。因为孩子毕竟不是成年人，缺乏控制自己的意志力。道理上明白应该好好学，但是玩耍的诱惑实在太大了。所以，平时就应帮助孩子培养良好的学习习惯，让孩子对学习有兴趣，而不是为了父母学习。如果孩子平时学习稳扎稳打，到了复习阶段等于是把之前已经学得还不错的知识再巩固一遍，那么孩子对考试肯定胸有成竹，紧张和害怕就消减了一大半。

第二，给孩子减压。

孩子对考试胸有成竹了也会紧张，首先孩子自己心里就充满了期待：这次是不是能考九十分以上？这次是不是能考第一？心理学里面说，如果动机过高，活动的效率反而会降低。意思就是如果孩子对成功过于渴望，反而可能影响能力的发挥。

所以家长不仅要放平自己的心态，还要帮助孩子放松，不要太看重成绩、分数。尤其当孩子在中考和高考的模拟考试中成绩不理想的时候，告诉孩子一次失败不算什么，只要在每次考试中都能够进步就是好的。有一句话说：我走得很慢，但是我从不后退。考试最重要的作用就是告诉我们之前的学习哪里没学好，所以每次考试以后都能从中得到改进和学习才是最重要的。

在各种中考、高考中，我们不要把目标定得过高，不要对孩子有不切实际的期望。家长和孩子一起进行客观的分析，让孩子善于认识自我，对自己的应考状态及能力要心中有数。现在社会中很多人已经觉醒了，但还是有很多人一心想让孩子"考重点中学，上名牌大学，找挣钱的光鲜工作"。其实能够让孩子健康全面地成长才是最重要的。诚然，如果一个人有足够的智力水平和坚韧的意志，那他就应该可以学好、考好，所以能够一路考上名牌大学、通过品牌公司的面试。但是我们的这些考试不是考分数，是考选拔啊！不是你考的分数漂亮就可以了，你必须比其他人分数高才行。把那些顶尖大学录取的人和人群中的高智商人比一比就知道了，难道你认为你的孩子肯定是那2%吗？社会中有各种各样的成功人士，他们中的很多人都只拥有普通智商。让他们成功的不是名牌大学，而是他们良好的性格品质和生活习惯。而那些既成功又幸福的人则还拥有高情商。

当孩子已经对"高考"产生了无法立时消除的巨大焦虑时，我们可以采取分解目标的方法。比如孩子的高考科目中有两门都偏弱，距离高考还有半年时间，那么第一个月的目标是全力学习一门偏弱的科目，第二个月的目标是全力学习另一门，第三个月的目标是开始综合复习，第四个月的目标是……每个月都只想着这个月的目标如何完成，而不去想"高考"怎么办。这样做的话，孩子在每次完成小目标后都会获得成就感和自信心，对压力的缓解和紧张的释放是非常有效的。

第三，给孩子创造良好的备考环境。

每年高考的时候，我们的社会都对此进行极大的关注。其实对于一些有考试焦虑倾向的孩子来说，这些关注都是压力，只会让他们更加焦虑。记得有一次，一辆送考生的爱心车遇到了拥堵现象，周围的车都主动给爱心车让路。爱心车经过的时候，周围的人全都对爱心车喊加油。结果当时车里有一个孩子就紧张得呕吐了。还有些家长喜欢对孩子说：

"加油，我相信你！祝你考个好成绩，考上理想的大学！"尽管这话里充满了爱和关心，但是对于神经紧张的孩子来说，这话里满满的都是期待和压力。"爸妈对我这么好，我可不能辜负了他们！"所以考试前家长最好能尽量保持平常心，不要对孩子过于关注。家里面也尽量保持温馨平和、适合学习的氛围，一些容易扰神分心的家庭琐事尽量不让孩子知道。

有时候家长比孩子还焦虑，或者是因为家长的焦虑影响到了孩子，造成了孩子的焦虑。这时候家长首先就需要自我放松，或者寻求心理咨询的帮助。

第四，要放弃消极暗示，进行积极的自我暗示。

心理学研究发现了一个现象，这个现象说起来好像是什么"迷信"的玩意：如果你真心认为你能行，你会成功，你就真的能成功；如果你认为自己不行，你会失败，你肯定就会失败。这是因为人不仅有意识，还有潜意识。潜意识不受我们意识的控制，但却影响着我们身体机能的运转。当你坚信自己能成功时，你的潜意识就能激发你的潜能。你的心情好，你的身体状态好，你的自信影响你周围人对你的看法，最后你就真的能成功。这种对自己积极暗示的方法在很多重点学校的实验班中都进行了推广，并且取得了非常大的成效。有个孩子就告诉我，她每次复习考试的时候，看书时间长了会觉得有点无聊或者对考试紧张，这时她就在草稿本上涂涂画画，画出一些对自己做出胜利手势的漫画小人，对自己说"没问题！""你肯定能考好！""加油吧！"。画完她的心情就平静了，然后继续复习。有的孩子则喜欢睡前躺在床上的时候想象考试的场景：步入考场，监考老师走进来，发卷子，开始考试，题目都是复习过的，很容易就答出来了，基础题的分都拿下了，到了最后的难题，有点难，不着急，已经拿了很多分了，这个题慢慢做，好，做出来了，考试很顺利……这样反复想象考场的气氛，不仅可以让孩子对考场"脱敏"，也是非常好的积极暗示。每个孩子都可以寻找自己的方法来进行积极暗示。

第五，利用各种方法调整好竞技状态。

考试前除了有规律的学习和复习，也需要适当的放松。完全的放松会把人的状态搞差，适当的放松则能让人恢复精力。孩子在复习阶段，最好的放松活动就是闲逛、体育活动和艺术活动。

所谓闲逛就是复习累了在屋里走一走，和家人说说话，随便摆弄一下小玩意儿，做一些不用动脑子的事情。因为人脑的工作机制和计算机很相似。我们都知道如果往硬盘刻录大容量文件的时候还让电脑同时开其他程序，电脑会运转得很慢，甚至会丢失文件、死机。人脑也是如此。复习的时候大脑正在拼命工作，努力把刚才看的东西刻到神经细胞里去。这时候突然去做一些要耗费脑力的事情，例如看推理小说啦，思考严肃的问题啦，复杂的任务选择啦——从两件同样漂亮的衣服当中选一件来买；了解市场上所有型号的手机信息，来买一部新手机等等，那刚才学的东西就都没了，白费了。

复习考试的时候，大脑高度集中精力，但身体并没有什么消耗。我们感到劳累的只是大脑而已。这样一天下来再加上可能会紧张焦虑，并不利于睡眠。如果抽时间做些简单的体育运动，去散散步、慢跑、跳绳、玩球都可以。注意尽量不要做一些需要意志力的活动，例如长跑、力量训练。因为人的意志力和体力一样是有限的，如果做完这些运动再学习，把意志力用光了的话，就很难再坚持学习了。

当人感到紧张的时候，有一些小技巧可以让身体放松。人的心理会引起身体变化，身体的变化反过来也会影响心理的状态。当我们的身体放松时，精神也会随之放松。下面我们就教大家一个简单易行的放松小技巧——深呼吸法。

深呼吸法：在安静的环境中舒适地坐好或者躺好，闭上眼睛，集中注意力让全身的肌肉都放松下来，平静地用鼻子进行呼吸，每次呼吸的时候在心中默念"一"，尽量保持平静的心态，对头脑中不断涌现的念头不去理睬，不用特意去消灭他们，让它们"路过"。这样慢慢地，身体自然就放松了，还可能进入睡眠。这种方法每次最好能做15~20分钟，可以伴随音乐进行。

另外，考试本身也是有技巧的，包括考试时合理的时间分配、答题和检查的技巧、遇到难题或突发情况后的心理状态等。掌握考试技巧也能提高考试成绩，降低考试焦虑。

不管怎么做，考试焦虑都不会完全消失。适度的紧张会让我们的身体处在一个备战的状态，感觉和反应都更灵敏，能帮助我们发挥出更好的能力，考出更好的成绩。

最后，我想说：不想当将军的士兵不是好的士兵。每一个歌手都希望自己是最好的歌手；每一名运动员都希望自己是世界纪录的保持者；每一名科学家都希望最高深的理论是自己发现的，而每一名学生都希望考试能得第一。然而，每次考试，总会有输有赢，有英雄，也有狗熊。当孩子们拿到卷子时，每个人的心底都会想到要好好发挥，希望考取第一名，获得大家的喝彩和羡慕。谁也不例外。不过，每个人心中的第一其实都不一样。到底什么是第一？我想，只要发挥好，不该丢的分别丢就行了。只要努力过，就算争不了第一也无悔，只有自己了解自己的实力，了解自己的真实水平。因此，只争自己心中的第一。如果考了第一，没达到自己心中的要求，那你也不会太开心。不过，如果没考第一，但达到了心中的要求，那你也不会太伤心，太埋怨自己。挑战自己心中的"第一"，就是挑战自己的实力与能力，就是挑战自己。所以，我们应只争自己心中的第一，只争那个无形的奖牌。做自己心中的第一，是一种正确的前进方向，这种方向会使你不断进步，不知不觉进步。

还是那句话，孩子对于自己通过考试得到的检验是有感知的，他们会因为考得好而对自己有信心，因为没获得好的成绩而自责内疚。当孩子没有考好的时候，父母的着急固然可以理解，但家长应该学会控制自己的焦虑情绪，不要把更多的焦虑再传递给孩子。孩子没考好，父母不着急是假的，但你一着急，孩子就恐惧，恐惧过度就会产生破坏性的压力。

择校择专业——最适合的选择

导读：怎样择校对孩子的身心发育最好呢？什么专业以后方便找工作？这些貌似很纠结的问题可以用心理学轻松解决。

阿智是家中的宝贝，别人眼中难得的好孩子：学习好、体育好、懂事、开朗。当阿智的妈妈辛辛苦苦陪伴阿智走过了高考之前的各种紧张、焦虑、苦读、备考，当阿智终于高考成功后，阿智妈妈突然发现，自己家中的宝贝好不容易穿过高考浩浩荡荡的人群，走到了人生的独木桥前面，另一只拦路虎又不期而遇：到底选择什么专业才能够让孩子将来毕业后在社会中找到一份适合自己的工作呢？选择哪所学校才能够让孩子的身心得到最全面最好的发展呢？这些很纠结的问题统统在这个时候冒了出来，形成了新一轮的焦虑。

看来高考不仅仅是在考前对孩子和家长巨大的心理和生理上的考验，这场拉锯战还将会持续到考试之后，并且这之后要面临的选择甚至可能会更难。

事实上，大学学校和专业的选择在我们的人生中的确有着至关重要的地位。虽然在社会中不乏毕业生最终就业方向与自己大学本科所学专业不一致的情况出现，但是大学四年其实是人生中最为宝贵也无法替代的四年。作为过来人的我们都知道，年轻人在这个阶段接受与学习的知识可以很牢固地储存在大脑当中，而这四年所培养的学科思维和学到的经验是无论在初高中还是在以后步入社会中都很难培养和形成的。

虽然我们不能够将专业和学校的选择作为将来孩子能否成功的唯一标准，但是既然还能够有选择的余地和机会，作为父母和孩子都应该去好好把握，做出最适合的选择。切记，是最适合的而不是所谓"最好"的选择。

选择权请放在孩子手中

楠楠高考后，楠楠爸爸和妈妈利用之前收集来的资料，进行了严密紧张的分析工作，给楠楠填报了一个特别"合理"的志愿表。从第一志愿到最后一项都填得满满的，保证楠楠各种情况下都有学上，而且全是让人"羡慕"的"好"专业，比如金融类、计算机类。最后，楠楠如父母愿考上了中国人民大学的人力资源专业。可是，楠楠心底真正想上的却是中国农业大学的动物科学专业，由于对所学专业并不是很感兴趣，楠楠在大学也没怎么好好学习，更没着急去做什么实习。毕业时只去了一家并不理想的公司工作，这让楠楠更加提不起精神来。楠楠还是想去学习动物科学专业，但是她大学学习的文科专业让她"落后"太多，直接去考动物科学的硕士也不是什么好选择。这便成了楠楠的一个心结。时间一长，楠楠的心境越来越差，也不想去上班了，便天天宅在家里，连门也不出。

　　最适合的选择不是为了能够让周围的人投来多少羡慕的目光，也不是这个选择能在多大程度上受到社会大众的认可与好评。真正好的选择在于能否和孩子相匹配。很多家长可能在面临孩子要填报志愿，选择学校和专业的时候，会表现得比较武断或是不容商量，其实这样的做法是不太合理的。尽管做父母的在这关键时期希望替孩子把握大的方向或是想为孩子做出好决定，但是务必要意识到决定与选择的最终权利应当把握在孩子自己的手上，即便是父母也没有权利越俎代庖。

　　所以，摆好自己的位置，做一个睿智的长者，在孩子困惑时和他一起分析，跟孩子分享你的观点，提出建议和方法就足矣。

经验并不是科学

　　萱萱很聪明活泼，她对未来有自己的想法，想要先去一所一流但并不顶尖的大学上学，然后申请去国外做交换生，之后想在国外读研，然后再回国找工作，用自己的能力养活自己。可是她的父母认为她应该好好读书，选国内顶尖的大学，一直读到博士，留校到老师，成为教授、学者。很多聪明懂事的孩子往往都很孝顺，所以萱萱最后还是听从了父母的安排。然而，萱萱的堂弟非常喜欢姐姐的这种规划和想法，并在自己父母的支持下进行了实施。结果就是萱萱毕业后在国内的学界挣扎，最后成为某科研机构的副研究员，过着安稳但不出彩的生活。而萱萱的堂弟则完全成了光鲜的外企海归金领。这两条路其实并没有哪一条更好的问题，而是孩子自己本身更喜欢哪条、更适合哪条。当然，在现代的社会价值观下，每次家庭聚会时，萱萱父母都会感到一阵阵的尴尬和后悔。

当我们从学校毕业后，我们对当代科学知识的学习就开始落后，我们的精力主要投入到专业和工作的经验积累中。当我们的孩子长大，我们的科学知识已经落后了十几年。虽然这时我们已成为工作领域的前辈、翘楚，但是对于社会上新的变化与趋势，我们可能还不如孩子们敏感，因为新的一代是他们，新的时代也是他们的。

现在很多家长在为孩子出谋划策的时候都属于经验型的父母。经验型的父母就是会根据自己的生活经验，认为什么样的专业能够在以后会有一个好的收入，或是怎样的专业能够获得一份更加稳定的"金饭碗"，以及自己单位里同事或是好友的孩子的一些上学经历和感想，利用这些因素去帮助孩子做出选择。尽管这些想法与经验的确是值得参考和借鉴的，因为它们来源于生活，貌似真实而可靠，但是如果仅凭这样的经验或是阅历就让孩子去选择一个专业也未免有武断之嫌，特别是源自于亲朋好友的建议可能总会掺杂着一些个人的偏好或是自己对孩子带有个人色彩的理解。最好的方法应该是将这些经验作为一个借鉴，在此之上再去寻求一些比较科学理性的方式方法，来进行一个学校与专业的利弊衡量和选择。

心理学小知识 >>>

直觉经验不一定准确

当代心理学研究发现，人脑在遇到问题时有两套处理系统：直觉系统和思考系统。直觉系统帮助我们简化生活，让生活变得不费力而容易；思考系统遇到需要解决问题的时候才开始工作。但是直觉系统在简化的过程当中很容易犯错误，也就是把特殊事件也简化成一般事件。例如，当我们看到一个孩子爱看书、安静、细致、不善与人交往时，我们的直觉系统会告诉我们：这孩子适合做文书、图书管理员，估计以后长大他就从事这个行业了。但是，实际上这种类型的孩子可能在人群中占30%，而文书、图书管理员这种职位只有5%的人群。结果就是：一个安静、细致、不善与人交往的工人也是存在的。同理，我们经常觉得某人猜胎儿性别很准，其实猜中的概率是50%，而每次猜中的时候我们会记忆深刻、大呼神奇，猜不中我们觉得是可以原谅的；结果就是在我们的记忆中，这个人猜得就是特别准（实际上并不准）。

科学分析孩子的人格

生活中有的孩子对于自己的兴趣和爱好有着很清晰明确的定位，他们很清楚自己的优势与劣势在哪里，而有的孩子却不是很清楚自己究竟喜欢或是适合什么。不管自己的孩子是怎样的，我们都不需要去强行改变孩子。知道自己的喜好与优劣势必然是好，但是不清楚或是迷茫也是很正常的，就连哈佛大学的研究生当中也只有不到1/5的人清楚知道自己毕业后做什么。我们也千万不要误解，以为孩子最喜欢的东西就是最适合他们做的。真正在面临专业的选择时，性格上的特点才是需要被纳入考量范围的关键因素。

因此，对孩子的性格特点做一个完整的分析无疑是最核心的一点。在这里我向大家推荐一种很值得使用的工具：MBTI。

什么是MBTI呢？

中文全称迈尔斯布里格斯性格分类指标，它是一种性格分类的理论模型。作为一种稳定的个性心理特征，性格因人而异，存在着各种各样的不同。瑞士心理学家荣格在经过多年的实践和不断优化后对性格提出了内倾和外倾的心理类型分类，并把这两种心理类型与思维、情感、感觉、直觉四种功能类型进行了匹配，最后总结出了八种人格类型：外倾思维型、内倾思维型、外倾情感型、内倾情感型、外倾感觉性、内倾感觉型、外倾直觉型、内倾直觉型。

这看起来或许有一些晦涩难懂，但是如果有机会稍微深入了解后，你会发现这样的分类是很有科学道理的。根据这样的理论基础，美国心理学家凯瑟琳·布里格斯和她的女儿伊莎贝尔·迈尔斯在经历了很长时期的观察与细致研究后，将性格扩展或者说是概括分为了四个维度、八个端点，最终总结为十六种性格特点类型。或许会有质疑的声音说这就像是十二星座分类一样，想用仅仅十六种类型就完全概括所有人的特点是非常不全面不科学的。然而，我们不需要那么绝对地看待问题，这种分类确实只是一个简单的划分，如果想要完全详细的划分，那么每个人、每个个体都是一个类型了。

在MBTI这种自我报告式的性格评估中，它会根据每个人在获取周边信息、做出决策、对待生活各个方面的态度等时候的相应心理活动特点，以及内隐的规律进行一个综合的考量和分类。它对于性格的各个方面，比如一个人是相对比较外倾（可以理解为外向）还是内倾、直觉还是感觉的程度更高、它是更相信思维还是情感等等，都并不只是做一个简单的定位，而是会根据程度的不同有所区分。通过MBTI这个模型，可以将一个人的性格和他所适合的专业或是职业之间进行一个比较清晰的阐述和解释。例如，到达一定倾向度的直觉思维型的人，相对于其他的人来说就更加适合做研究开发类职业，或者说这类型的人如果选择从事研究开发类职业，会更加容易激发出自己天然的优势和潜能；而如果他们去从事销售或客服可能往往达不到好的效果。

虽然历经质疑与沉浮，但是金子总会发光的。几十年后的今天，MBTI已经成了全世界最为著名的性格测试之一，并被广泛地应用在教育领域、商业领域或是个人发展领域等。可以看出它的确具有很强的实际应用的意义和参考价值，而现在网络资源也相当丰富，所以有兴趣想尝试或是验证一下这个性格模型的家长们可以在自己对此有了基础性的了解之后，将它融为己用，让这个测试在一定程度上能够帮助自己的孩子更加清晰明了地看到自己的性格特点。但是也一定需要谨记：工具始终是工具，它始终不能够取代人与人之间相处交流所传递出的信息。因此我们在使用的时候是不能够全部生搬硬套的，更不能因此而偏信一方。兼听则明，偏信则暗，在真正面临选择的时候还是一定要结合孩子的实际情况和上文中提到的"群众基础"。相信这样巧妙的结合一定可以带来不一样的化学反应。

燕燕的父母都是医生，他们认为女孩子文文静静的做财务工作可能会很稳妥和适合，于是父母说服燕燕报了财务专业。燕燕对数字很不敏感，而且她的性格很感性，需要很多新鲜刺激好玩的东西才能够让她有很好的学习意愿。但是因为父母的判断，燕燕还是服从了。第一学期结束，燕燕财务、数字有关的专业课考试均不及格或者勉强及格，燕燕毅然办了退学手续，重新复读，最终考取了自己喜欢的新闻专业，并且在新闻工作领域中有了很好的成绩和幸福的体验。

性格对于一个人能否获得职业快乐很重要，它的关键就是看自己的性格和职业所需要的职业性格是不是能够吻合。能够吻合的层面越多，工作的快乐感就越多，也更容易做到让自己满意。反之，不仅很难出现自己满意的结果，即便有好结果，但自己也很难因此获得工作的价值感和快乐感。

出国需慎重

当孩子有了一个比较清晰的性格定位时，最为核心的问题也就相应得到了解决。虽然这种了解对于在专业的选择上效果会比较显著，但是仍然还存在其他的问题等着去解决，比如：选择哪个地区的学校呢？是

北方好还是南方好？是要选择一所综合性质的大学还是选择一所专业性
比较强的大学？这些都是亟待解决的问题。

　　面对高考选择学校和专业的那一本厚厚的参考指南时，很多家长和
孩子开始都有些头晕眼花，这个时候好像每个人都患上了选择综合征，
又不能闭着眼睛，大笔一挥，随便就做出一个选择，那么，到底该怎么
办呢？

　　随着社会的进步与发展，越来越多有条件的家庭会选择让自己的孩
子出国接受教育。不得不承认国外的教育水平和教育理念与国内相比，
在学习的思维和能力的培养上的确是有优势，另外能够让孩子到一个完
全不同的文化背景下，和来自不同国家、不同种族的人一起交流学习，
对于孩子的成长大有裨益。这样的选择对于有条件的家庭来说会是一个
不错的方向，但是一般做这样的决定时因为考虑到语言和学习习惯的差
异，都会较早做相应的准备。而如果真的想让自己的孩子出国接受教
育，还是应当考虑到孩子的性格是否能够习惯和接受国外的生活和教育
方式，毕竟一个完全陌生的环境对于一个刚迈入成年的孩子来说还是具
有很大挑战性的。由于语言陌生引起的社交焦虑、学习困难，加上陌生
环境与脱离朋友、家庭，很容易让一些孩子产生适应障碍。

　　不是所有的孩子都适合出国。我的一位咨询客户，她的儿子从小就
被爸爸娇惯，很多物质满足溺爱致使孩子性格比较自我任性，同时家里
家庭环境很好，孩子又一直有保姆、家人照顾，所以自理能力很弱。结
果他们家用了很多钱让孩子出国，但仅仅半个学期，孩子就出现各种不
适应，最终以死相逼地回到国内。

　　你的孩子内心是不是足够自信，社会交往能力是不是良好，学习和生活能不能自理等问题，都是我们考量自己的孩子是否适合出国的关键。出国固然是一种很好的学习方式，但是如果孩子并不适合出国，还没有培养好独立面对陌生环境的能力，让孩子出国学习遇到的困难会比我们想象的要大很多。

　　在我的咨询中，有一些孩子即便勉强把学业完成，但是在这个过程中，对于自己能力的自信和对于再次适应新环境的恐惧都受到很大的影响，从而导致毕业直接在家啃老的例子并不鲜见。所以，家长要根据自己孩子的个性能力和实际情况做出正确的判断选择，而不要跟风一味地追求最好才是关键。

好学校还是好专业

　　就国内的高考录取和学校的专业选择来说，因为分数线的划定，自己的孩子到底能够上一本、二本还是三本或专科，这种大方向的选择一开始就可以得到明确。而之后父母需要做的就是和孩子一起去了解自己想要选择的专业或是学校。

　　有的家庭会倾向于先选择学校，有的会倾向于先选择专业，这其实没有什么本质上的区别，只是因为观念倾向的不同。

　　可能有的人会觉得一所好的学校比好的专业更加重要，因为他们觉得学校的名气大，在找工作时比一个好专业更吃香。更重要的是一所好的学校实质上在教学资源上是有着很大的便利和优势的，孩子能够在一个好的大环境之中学习，对孩子的成长是很有益的。

而如果想要优先选择专业的话，这样的家长认为一门扎实的专业或技术，对于孩子未来的发展是很实用的。现实社会对于专业人才的需求是巨大的。

正如家长们会有两种观点一样，社会也具有这两种观点，孩子面临的招聘单位也是这两种观点——因此无论哪种选择方式都不会使孩子的就业机会产生太大变数。关键还是看孩子自己的情况与喜好：如果孩子的成绩足够好，那么就可以选择好大学中的好专业；如果孩子的成绩不够理想，那么选择一个尽量好的大学中的好专业；如果孩子的成绩只够上一些普通的大学，那么就在这些大学中挑个好专业吧。对于孩子的成长来说，一个好的人文环境肯定是重要的，但是学习一门专有的技术也是非常重要的。现在所选的专业可能并不是孩子最喜欢的或者并不是今后想要从事的专业，家长应该帮助孩子走好这人生的道路，例如数学系毕业的学生以后不一定做数学家或数学老师，但是有了这门技术和被数学洗礼的逻辑大脑，就可以从事精算师、IT工程师、统计相关的工作，至于像销售、文员之类的工作就更可以胜任。

阿翔高中的成绩不是特别好，但他是一个很机灵的男孩子。阿翔高考后选择了上一所好大学的低分专业（而不是一般大学的好专业），然后在第二年通过自己的努力，考试转到了热门专业。之后更是考取了硕士研究生，一路顺风顺水。

森森的情况正好相反，森森选择了一个拥有好专业的一般大学。在学校学习的时候，森森充分利用了这所大学本专业的优势，多与老师接触和学习，多参与各种活动和实习，大三实习期就被好几家大公司给"预定"了。

小温的大学和专业都是父母选择的，她自己并不喜欢，但是她一点儿也不在乎。该学习的时候小温去学习，每次考试都认真对待。业余时间，小温就去学习自己喜欢的专业——新闻。小温积极地去新闻媒体实习。毕业后也如愿以偿地进入了媒体工作。

所以，选专业和选大学虽然重要，但也不必斤斤计较、过于紧张。最重要的还是让孩子对自己的人生有一个认识，知道自己的方向在哪里。如果高考前没有做这个工作，高考后就可以和孩子好好谈一谈，帮助他们分析自己的性格、长处短处，引导他们想一想要什么样的人生、喜欢什么样的工作、适合什么样的工作。一旦找到方向，只要向那个方向努力，有志者事竟成。

总的来说，专业与学校的抉择对于孩子是一个十分关键和重要的人生关口，选择一个不适合的专业很可能对孩子的心理适应造成很大的挑战，也许会使孩子面临更多的困惑和迷茫，这就需要家长保持正确的心态积极开导和帮助孩子。更不要形成太大的压力，因为一旦我们压力过大，无论我们怎么掩饰，这些压力都会点点滴滴从我们的言行中渗透出来，从而在无形中将这种焦躁不安传染给自己的孩子，而在巨大压力下做出的决定是很难保证明智的。

我们需要经常提醒自己放松，我们要认识到：并不是这一次决定就完完全全、百分之百决定了孩子的一生，即便真的选错了，还是能够在以后有调整和改变机会的。不要害怕让孩子走弯路，弯路也是孩子的财富。只有从我们自身做起，用积极的心态去面对挑战、困难和挫折，我们的孩子才能从我们身上学到这股勇敢、乐观。无论如何，在这个时候都尽力更好地调适自己，也帮助孩子达到一个良好的状态，然后一起去为未来做一个最适合的决定。

第二章

社 会 交 往

知己的定义

导读：孩子开始与伙伴建立真正的、能够持续一辈子的友情。

"上了高中，我和以前的初中同桌好朋友分到了同一个班，我可高兴了。刚开始一切都很正常，我们和以前一样要好。我和她分享好吃的；刚发的新书她的烂了我就把自己的和她换；她想要找老师请假我也陪她去。可是最近她不知道怎么了，有点儿刻意忽略我的存在。以前她总是来和我说一些有趣的事，可是最近她都不找我了，她去找另一个同学……我感觉她好像是故意这样做的，吃饭也不叫我一起了，放了学也不等我了……我搞不懂她到底在想什么。怎么办啊？我给她写纸条、发短信，问她为什么，她都没回……我该怎么办？这样很影响学习，我想处理好和她的关系。"

看了这个小姑娘的来信，不知道的人还以为这是在描述情侣关系呢。可是对于青春期的小女生来说，好朋友的关系就如同恋人之间一样错综复杂。或者我们可以说，从一个孩子与同性交往的模式，我们就能看出这个孩子今后与异性交往的模式。

从这个小姑娘的描述中我们可以看到：这是一个非常敏感的孩子，

然而在人际交往方面又很迟钝。比如她的好朋友根本不是故意疏远她，只是单纯地发现了"更好的目标"，但是小姑娘却一再说好朋友是"刻意"的。比如小姑娘给好朋友发信息问为什么，好朋友不回，显然是觉得她有些烦人了，她却没有意识到。

我们在养育孩子的时候都很注重帮助孩子维持"小伙伴""好朋友"的关系。但是孩子们之间真正的友情其实从青春期才开始发展。在青春期之前，孩子们之间只能算是共同的"玩伴"。进入青春期后，初期孩子们交往的选择范围很窄，局限在同桌、邻居；后期孩子们交往的选择范围则变宽泛，一般以共同的兴趣爱好和对事物的观点为标准。

显然，这个小姑娘的好朋友在班里找到了一个比小姑娘更好的朋友，和这个朋友在一起更聊得来，更开心。那么自然就把更多的时间花在了新的好朋友身上。至于旧的"玩伴"应该怎么办呢？这确实是个很普遍的问题。大多数孩子遇到这种情况也就是自然而然地分开了，因为双方都会找到更适合自己的好朋友。可是有些孩子，比如写这封信的小姑娘，就陷在里面出不来了。这都是因为这个小姑娘还没明白朋友的意义，也对自己自身的定位不清楚。

衡量自己与交友多样化

要培养孩子人际交往的能力，很重要的一点是让孩子对自己有明确的定位。我曾经遇到过一个非常有魅力的人，这个人长得很难看，个子也不高，但是只要他一开始说话，在场的人都会被他折服。大家会认为这是一个非常幽默、有才华的人，而不会认为他是一个丑八怪或者矮子。如果这个人自己不能对自己有正确的认识，不去发扬自己的才智，而是沉浸在对自己外形的自怨自艾中，那么这个世界便少了一个光芒四射的人，多了一个阴暗悲惨的人。所以，如果孩子对自己的优点和缺点有明确的认识，便能够知道自己应该如何讨得别人的喜爱，也知道自己适合什么样的人。

心理学家发现，我们每个人的知己都是和我们差不多价值的人。因为人都愿意和更好的人交往，这样会让我们感觉良好。比如说，我愿意和更美更聪明的人交往，不愿意和更笨更没头脑的人交往，于是我去追随那些特别美和聪明的人。但是那些人和我的想法一样，他们也不愿意理我（对于他们来说我就属于更笨更没头脑的人）。这就好比如果我是一个五分的人，我愿意和五分以上的人去交往，不愿意和五分以下的人交往，那么最后我就只能和五分的人交往。同理，六分的人和六分的人交往，七分的人和七分的人交往……每个人都和与自己同等水平的人来往。如果懂得这个道理，我们在选择朋友的时候就能更理智和客观，也不会为了别人不理自己而伤心难过了。另外，如果现在你想要交往的人不能欣赏你的优点，那也不是你的错，为什么不去寻找能够欣赏你的人呢？

当然，这样做并不是让我们把人分等级。恰恰相反，一个人的价值不是简单地靠"聪明"和"美丽"来衡量的。

小晴是个内向的孩子，但是她的内心世界特别丰富，她喜欢看书。

小晴一遇到能和她聊得来的人就特别开心。在小晴看来，这就是成为她知己的标准。但是小晴的好友小月对此表示不满："你这是把人分等级！这是歧视！"小晴丈二和尚摸不着头脑："啊？为什么？我没歧视别人啊。"小月说："不是每个人都能够喜欢和热爱那么多东西的，有的人可能比较笨，对知识就没那么感兴趣。你只和聪明的人来往，那不就是在歧视笨的人吗？可是那些人也有很多优点啊！而且他们会的好多东西你还不会呢！"

正如小月所说，我们需要让孩子知道一个人的价值是多种多样的。我们辛辛苦苦把孩子送到好学校，就是为了让孩子能够处在一个好的环境，能够交到好朋友，能够为以后的人生做人际储备。结果孩子只和一种人来往，或者只和几个人来往，那意义何在呢？所以我们要让孩子学会交友多样化，知道每个人都有其独特的优点，要懂得去欣赏别人的优点。欣赏到别人的优点以后，我们会发现满世界都是可爱的人，心情也会变得更快乐。

交朋友的诀窍

要想让孩子的交友更顺利，有以下几个小诀窍：

1. 第一印象

第一印象是非常重要的。在心理学中有个"首因效应"，指的就是

第一次交往中给人留下的印象，会对总体印象的形成起到绝对性的影响
作用。举个例子来说吧，请依次看下面这组用来描述小冰的词，一个一
个词看，慢一点：

聪明

勤奋

冲动

爱挑剔

顽固

嫉妒

现在你闭上眼睛想一想，你觉得小冰这人怎样？

好，再依次看下面这组用来描述小薛的词，同样一个一个词看，慢
一点：

嫉妒

顽固

爱挑剔

冲动

勤奋

聪明

嗯，现在仔细想一想你对小薛的印象。

现在，你在心里掂量一下小冰和小薛这两个人，谁更讨人喜欢？

其实，小冰和小薛拥有一模一样的品质，但是由于呈现的顺序不同，我们所有人都会对小冰印象更好，这是心理学的一个规律。简单说，这是我们理智所不能克服的一种感觉模式。我们只能在懂得这个道理后去调整自己的认识和思想，但是我们的感觉仍然是喜欢小冰多过喜欢小薛。

因此，要想让孩子讨得别人的喜爱，留下良好的第一印象是非常重要的。

2. 光环效应

光环效应需要和第一印象一起使用。狭义的光环效应指的是一个人如果拥有吸引人的外貌，那么我们对这个人的其他与外貌无关的特点都会给予更高的评价。广义的光环效应就是爱屋及乌：一旦认为一个人某个特点突出，就认为他什么都好。

所以帮助青春期的孩子打理好他们的外形也是非常重要的。本来青春期的孩子就关心外貌，看到爸妈这么上心地帮助自己、这么理解自己，亲子关系也会更好了。

3. 真诚、热情、善于倾听

我有一个好朋友，他其貌不扬，也不聪明，几乎可以说没有任何特点。一开始在学校的时候他没有什么朋友。但是这么多年过去了，所有的同学几乎都和他还有联系，都把他当做好朋友。他的诀窍就是：真诚、热情和善于倾听。他对所有需要他帮忙的人都热情地提供帮助，他对所有人都真心实意，他尤其善于倾听别人的烦恼，而且绝对保密。有时候我们会很自大，觉得别人的烦恼都是在"犯傻""自作多情""小题大做"，因此不耐烦去听别人的烦恼。但是我的好朋友不会这样，他好像从来不会觉得烦，总是特别认真地听你说。可能有人会觉得他就是一个"情感垃圾桶"。但是不管怎样，他赢得了大家的喜爱和尊重。

4. 学会把"敌人"变成朋友

心理学研究发现，人们最喜欢的人是"一开始讨厌他，但是后来喜欢他"的人。实验里面列举了四种人，分别是：从始至终都喜欢你的人、一开始喜欢你后来讨厌你的人、一开始讨厌你但后来喜欢你的人、一直讨厌你的人，然后让人们把这四种人按照喜爱的程度排名，结果发现：排在第一位的是"一开始讨厌你但后来喜欢你的人"，最后一位的是"一开始喜欢你后来讨厌你的人"。结论就是人们喜欢收到越来越好的评价，而讨厌越来越差的评价。

所以我们会看到好朋友或者夫妻因为小事反目成仇——因为本来喜欢你的人对你评价差了，你很不能接受。反过来，"敌人"，尤其是学生时期的"对手"非常容易成为孩子一辈子的好朋友。因为这个时候的孩子往往因为对方身上有自己没有的优点而对对方产生敌意。同时也因为对方有能够和自己竞争的实力而把对方看作是对手——也就是说两人价值相当。当孩子有了"敌人"时，我们不妨了解一下对方是个什么人，如果合适地话，帮助孩子与"敌人"成为朋友。既成就了孩子一辈子的友情，又让孩子学会了从多个角度去看待事情和处理事情的方法。何乐而不为呢？

孩子的伙伴关系的建立或者破裂，家长应该特别关注。目的不仅仅是为了让孩子避免交到坏朋友，还是为了让孩子能有拥有更加健康的情感社交能力。而且在孩子的社会交往过程当中，如果孩子遇到伙伴关系破裂这样的事情，对于孩子的价值感会产生很严重的影响。甚至有的孩子会因此而出现成绩的波动。

林紫上初中后有一个好朋友，唯一的一个玩得特别好的朋友，当这个好朋友和别人玩得比较好的时候，林紫所有的注意力都集中在如何让好朋友不和别人好，如何让好朋友回心转意一心一意和自己做好朋友。就像本章开始的那个例子一样，我们成年人会觉得乍一看怎么说得跟谈恋爱似的。但事实是，孩子在两性关系没有很明确的成长发展的时候，对于所有的情感关系都会像是对待自己家庭的亲密关系那样去处理和定位。家庭亲密关系的理想化状态就是——我是爸爸妈妈唯一的爱，他们只会爱我不会爱别人。

所以，如果我们的孩子在亲密关系上有不安全感和不自信，认为自己不那么值得被喜爱，认为自己失去一个人的喜欢之后就不会再获得别人的喜欢的时候，不论孩子的好伙伴是不是异性，他都会用吃醋、愤怒、独占这样的方式去处理。甚至有些孩子还会为了维系这样的好朋友关系运用一些不恰当方法。比如过度大方，过度忍让，过度纵容好朋友的不合理要求。

不论健康的伙伴关系还是这类消极的伙伴关系，当孩子的好友出现情感转移的过程，孩子都会很痛苦。

这时候家长要做的是淡化孩子的痛苦，并且将孩子的注意力从某一个单一的好朋友身上转移到更多可以成为孩子朋友的身上。并且家长还可以适当的为自己的孩子组织社交机会，比如举办家庭聚会，组织孩子和几个相对关系还不错的同学看电影、话剧及郊游等等。

当然最主要的还是通过家长对于孩子的爱，让孩子对于自己可以获得别人的喜爱和友谊产生自信。这种爱是通过家长对孩子的关心、关注、尊重、认可、欣赏等行为完成。

让孩子成为受欢迎的人

导读：总有些人被人包围着，如何让孩子也成为这样的"闪亮生物"呢？

月如和爸爸的关系一直很好，最近两人间却发生了激烈的冲突，只因为爸爸认为她"早恋"，而且对象就是她班里的一个不怎么起眼的男生。其实事情并非如爸爸想象的那样，月如并不想早恋也不是有多喜欢这个男孩，但是这个男孩是在她上初中以来唯一能够和她交流的人，也可以说是她仅有的朋友。只有他会和她聊天谈心分享，倾听她的烦恼，与她共同欢笑。有一天他们在路上走着，男孩忽然拉住了月如的手，意思很明显。月如不想失去这唯一的朋友，于是默许了，却碰巧被爸爸看到了这一幕。

月如从小学习成绩非常好，周围的亲戚朋友全都夸她："真是个好孩子。""我家孩子要是也有这么争气就好了。""这孩子太聪明了。"月如因此非常有自信，当班长、做大队长，出席和主持学校的各种活动，别提有多风光了。

可是，随着年龄逐渐地增长，月如发现原来围着自己转的同学渐渐地都转移了目标。女孩子们都开始围着那些漂亮、擅长打扮的女孩叽叽喳喳地讨教经验。男孩子们也不再和女孩子们玩耍，对女孩子们要么不屑一顾，要么就偷偷地打量。这个时候，月如才突然发现：原来我不是一个漂亮的姑娘。月如觉得有点自卑，但仍然渴望还能像以前那样获得大家的关注。

升上中学以后，大家都步入了青春期，每个人对自己的外貌都更关注了，同时也更加注意从别人的外表来评价别人。月如对自己外貌的担忧也放大了。月如一方面觉得自己学习成绩好就应该像小学时一样受人关注，另一方面又担心自己长得难看大家不喜欢自己。

第一次月考成绩公布后，月如以非常高的分数得到了第一名！大家都发出一片惊叹，纷纷向月如看过来。这时候的月如简直羞得想钻进地缝里去了：我是如此的平凡，甚至有些丑陋。大家该怎么看我呢？不，我比他们都强！他们谁也没我聪明！

渐渐地，同学们都发现月如是个有点儿奇怪的人，有时候显得特别自信，甚至自负，待人有些冷冷的，对成绩不好的同学好像有些不正眼相看似的；有时候又好像特别害羞、退缩。与同学在一起的时候，月如总希望在同学面前成为主角，渴望成为朋友的核心；可是在不能成为中心的时候，特别是发现更优秀的同学时，又显得很自卑，不敢说话，怕说错了人家会笑话。这种矛盾，同学们不能理解，月如自己也无法控制。

月如觉得很孤独，也很痛苦。月如不明白为什么世界要如此对待自己，为什么自己要承受这种独一无二的痛苦，为什么其他人都过得那么开心……当同桌向月如表白后，月如心里不仅仅是想抓住这唯一的友情，也是想要抓住这唯一能让她获得自信自尊的事情。

在青春期，孩子们经常会有矛盾的心情。很多孩子都会觉得自己是世界上最独特的，孤芳自赏；另一方面又觉得自己其他很多地方不如别人，自卑自责。这是很正常的现象，青春期的自信不再单纯的来源于自己的能力，也来源于自己的性别角色是不是得到了别人的接纳。我们是聪明的、努力的、勤奋的，但如果我没有对自己性别角色有自豪感，那对于自己的自信也会下降。家长会说，我不希望我的孩子关注外表，那样孩子会很浅薄虚荣。但是浅薄虚荣是建立在过度追求外在，甚至需要用外在的资源来掩饰自身的不足上的。而我们的孩子在对于自己性别角色还没有一个确定的自我认识的时候，这种对于外在的关注并不属于虚荣，而是自我探索、自我验证的一部分。这时候作为家长要帮助孩子建立正确的审美和价值观。帮助孩子发现自己的优势，帮助孩子通过高层次的审美能力确定自己的特点。

齐丹是一个初中女孩，她的长相平常，并不是通过容貌能够获得别人很多目光的女孩。但是齐丹有一个智慧的妈妈，她让齐丹发现自己因为古诗词功底很好，因为自己会弹奏古筝而有一番独特的气质，齐丹的妈妈告诉她，这样的美不是一般的俗小子俗姑娘能够懂得欣赏的，只有智慧的人才会发现这种美是多么有魅力。如果齐丹放弃自己的气质而去追求那些描眉画眼的漂亮，最终齐丹会失去最有价值的竞争力。并且妈妈还带齐丹去欣赏音乐会、书画会、民乐欣赏等活动，听到观众当中对于那些长相一般，但是气质非凡的艺术家的赞美，从而让齐丹对于妈妈的引导产生信任。所以,青春期对于外表的关注并不是一件虚荣的事情,但也需要我们家长对他们的帮助。不过所有的帮助都是建立在良好的亲子关系和亲子沟通之上的。如果没有这些,孩子是不会愿意对你敞开心扉的。这时候我们可以努力改进和孩子的关系,也可以假借一些其他孩子信任的人去开导孩子。

让孩子成为受欢迎的人

卡耐基曾经说过:"一个成功的管理者,专业知识所起的作用是15%,而交际能力却占85%。"月如的学习成绩再好,以后上再好的大学,得到再好的工作,如果不懂得如何交朋友,她也不可能获得事业上的成功。更何况,就算这样也能获得成功,那也只是一个"成功"的"赛事结果",而不是一个幸福圆满的人生。心理学家也早就总结过:那些世界闻名的企业家和管理者,无不拥有突出的交际能力和超出常人的情商。良好的人际关系不仅会帮人走向成功,也是人生幸福最重要最基础的条件。

要让孩子成为人际关系中的胜者,第一点就是培养孩子的自信心。

世界上有很多伟人都其貌不扬,但是他们的共同点是拥有自信。当一个人对自己的优缺点有正确的评估,他就能够自信;当一个人能够得到家人无条件地支持,拥有坚强的后盾,他就能够自信。有自信的人自然就会发光,吸引人的眼球。不自信的人会让我们本能地觉得厌恶。因为当我们对一个人不甚了解时,只能从有限的信息去对这个人进行推断。一个人自己对自己的了解肯定多于我们对他的了解，如果这个人自己都讨厌自己，都自卑，我们就会认为这个人身上必有让人讨厌的地方了。

第二点是让孩子多参与各种体育活动。

体育活动是一种社会活动，是多人参与的、与人合作和竞争的群体活动。所以，让孩子参加体育活动不仅能锻炼身体，还可以锻炼孩子与人交往的能力。运动当中需要智慧、力量、团队合作和勇气。勇气可以辅佐自信，自信又带来勇气。这两点都是人际交往中非常重要的因素。当孩子热衷于体育运动后，也能和小伙伴有更多的话题，也多了交往和交流感情的途径。

第三点是帮助孩子"呼朋唤友"。

孩子小的时候就多带孩子去串亲戚、拜访朋友。孩子可以从家长的善交际中耳濡目染地学习：见到人要怎样打招呼、怎样展开话题，什么场合说什么话，需要什么样的礼物和礼节。然后家长就可以帮助孩子约小朋友到家里玩，鼓励孩子自己约小朋友到家里玩。尤其是孩子长大后，不要盲目阻止孩子和异性朋友的来往，反而应该鼓励孩子从异性身上学习优点，鼓励孩子去学习和异性沟通来往。否则不但可能伤害孩子们纯洁的友情，还会在家长和孩子之间造成矛盾和隔阂。有些家长严禁孩子和异性来往，甚至造成孩子成年后都不懂得如何与异性交谈，更别提谈恋爱了。

最后是帮助孩子培养兴趣爱好，让孩子见识广博。

无论男女，我们都更喜欢幽默善谈的人。一个谈吐不凡、妙语连

珠的人无论在哪都是受欢迎的。孩子如果有自己的兴趣爱好，就拥有谈
资；孩子对自己喜欢的事情会主动琢磨和钻研，自然会有与众不同的见
解，可以让听众大开眼界。兴趣爱好还是一个人智力和能力的体现。那
些天才科学家都不是书呆子，都是多才多艺的。那些所谓的只会读书的
"天才"都只是高智商的"电脑"，鲜有做出成就来的。

总是有人被欺负

导读：为什么大家那么喜欢欺负人？为什么大家都会去欺负某个人？

终于考到了梦寐以求的重点中学，茜茜觉得特别开心。第一天上课的时候，大家都在好奇地互相张望：咦？怎么有一个这么矮小的男生呀？

茜茜和同学们都发现班里有一个看起来像十岁左右的男孩，这是怎么回事呢？大家窃窃私语，但是谁也不想去和那个小男孩说话。那个小男孩不和任何人视线接触，就那么坐在座位上，显露出拒绝与人交流的气场。茜茜想："说不定他就是天生个子小，还是不要问什么，免得他难过吧。"后来，大家慢慢从各种小道消息了解到：这个男孩就是十岁，他是跳级上来的。但是大家还是不愿意和他玩耍。很快单元测试了，成绩出来以后，大家都感到有些失望，又有点高兴：这个小男孩成绩好差，才考了四十多分。看来他不是神童嘛。

但是自从这之后，班上的人更加不理睬这个小男孩了，而且还有人会故意找碴欺负他。小男孩上课的时候也总是发呆或者睡觉。茜茜心里很为他难过。没过多久，这个男孩就不来上学了。老师说他去了别的学校。

这个男孩就这样消失了，班里没有任何人为他的离去难过，就像班里从来没有过这个人一样。

原因一：个人的特质

在学校当中，欺负人和被欺负是一种经常看到的行为和现象。被欺负的人往往有一些共同特点：

（1）行为或心智上与其他人不同或不合群（招人嫉妒或招人讨厌）：例如长相难看、学习差、智商过高而不会与人交往、行为笨拙、男生过于瘦小、男生举止像女生、女生过于肥胖、女生举止像男生等等。

（2）弱小好欺负（反抗不过）。

（3）个性软弱（不反抗）。

当家长发现孩子被欺负时，应该帮助孩子找原因，然后帮助孩子改变自己，变成"不会被欺负的人"。

在我的前一本书中，详细地介绍了如何面对孩子在小学被欺负的方法。如果孩子从小就经常被欺负，一直到中学的青春期时期还在被欺负，往往会对孩子一生都造成影响。所以，一旦家长对孩子的问题感到无能为力的话，最好能马上求助于心理咨询师的帮助。

龙龙就是一个从小就经常被欺负的孩子。按理说这孩子个子还蛮大的，可是他的个头和他的能力不成比例。一开始，孩子们看到他是个大个头都觉得有点怕他。可是慢慢地孩子们发现他不但没有威胁，还是个很好的玩乐对象。你打他吧，他没什么反应，有时候还冲你笑。你欺负他吧，急了他会追你，但是没跑几步自己就摔倒了。就算真的被他追到了，你要是一凶起来，龙龙居然就哭了。龙龙妈妈也对儿子的表现非常不满意，经常责骂儿子胆小懦弱。好了，本来龙龙可能还有机会翻身，但是"既然妈妈都说我是胆小鬼，那我肯定就是胆小鬼"。龙龙这样一直被欺负到小学毕业。中学以后，龙龙就开始推脱、找各种理由不去上学。按理说，到一个新环境我们是不是可以帮助孩子改头换面重新开始了呢？可是龙龙妈妈不知道怎么帮孩子，她只是一味地责怪孩子不争气——这是我们很多家长经常犯的一个毛病。当孩子有问题的时候只是用嘴去说、去责怪孩子，勒令孩子去改正。但是应该怎么做才能改正呢？孩子不知道啊。家长在教训孩子的时候把孩子当没有责任心和没有能力的孩子看待，但是接下来又把他们当做有自控力和有能力管理自己的大人，让他们自己去改正和成长。

由于长期的失败体验，让龙龙已经获得了"习得性无助"的心理状态。那就是"无论我做什么都是错的，我的努力都是无用功"，一种自暴自弃的心态。龙龙妈妈这时候慌了，想给儿子找心理咨询师。但是龙龙拒绝去做咨询。心理咨询最大的特点就是求助者必须自愿前来，不愿意来就没法对求助者进行帮助（要不怎么说叫"求助者"呢）。青春期孩子的咨询不好做，很大一部分原因就是他们明明有问题，但是自己不觉得或者不愿意面对；不像成年人自己懂得来求助。

但是龙龙的事情也不能就那么悬在那里，于是我给他父母制订了一个家庭帮助计划。

第一，增加家庭当中男子气概的气场。龙龙的爸爸很疼爱自己的妻儿，很多事情都是听从龙龙妈妈的意见，当然，你愿意说这个男人比较弱势也可以，但是夫妻感情并没有因为丈夫的弱势而产生问题。（就这个现象我们看到，很多家庭当中孩子过于缺乏勇气，通常是妈妈比较强势，或者爸爸过于严厉。）从计划开始的第一天，家庭当中很多问题都要爸爸来做主，妈妈接纳、欣赏、配合。

第二，爸爸带龙龙参加体能性游戏和训练。爸爸单独带龙龙郊游、爬山、涉水，爸爸带龙龙踢足球、玩摔跤。这样做的功效是在没有女性保护的情况下，由爸爸的男子气激发父子俩面对挑战的男子气概和勇气、信心。

第三，妈妈对于龙龙的每一点进步成长给予及时地鼓励欣赏，并同时在龙龙面前对爸爸的付出表示欣赏肯定。这样做是巩固男性力量和男性自信。

第四，龙龙的父母和学校老师私下沟通，让老师给龙龙一定的管理任务，铺垫龙龙在学校生活当中的责任感和价值感，进而增加同学对于龙龙的认可。

这个计划实行了三个月之后，不仅龙龙出现了很明显的变化，龙龙的家庭也更加幸福快乐。

原因二：家庭的影响

磊磊正值准备中考的重要一年，但是不知为什么脾气突然变得古怪，不肯和家人交流，也不说原因，除了吃饭一概都把自己关在屋里，这种情况已经持续几个月了。父母去学校问老师，才知道老师在学校也只看到他自己一个人在角落待着，从不跟任何人交流。同学们都认为他是怪人躲得远远的，磊磊也经常为一点儿小事跟同学吵架，因此他也就更加孤立了，成绩自然也是一落千丈。

磊磊的状况，无疑让父母非常担心。在咨询中我们了解到，父亲对磊磊的教育是简单粗暴的，而母亲又比较内向、不善交往。这些因素对磊磊性格习惯的养成有很大的影响，他没有在家庭生活中学习到该怎样与人相处，随着年龄的增长，这种弊端就越来越明显。

像磊磊这种独来独往还脾气不好的学生，很容易被其他孩子"教训"的。要么成为被欺负的人，要么成为被大家无视冷落的人（因为欺负后发现打不过他），要么这孩子自己成为霸王（欺负后发现打不过，被这孩子制服了，被欺负的孩子反过来成王）。

父母的情绪性格，家庭的氛围，都对孩子的性格形成有绝对的影响。这已经是老生常谈的话题了。如果孩子在家里没有受到尊重，没有良好的熏陶，怎么去要求他在外面能有好的回应和表现呢？在家庭教育中，好习惯的养成、待人接物的方式可能是比学习成绩更重要的事。成绩不好能够去补习，性格的问题在成年后就很难扭转了。

怎么办

当孩子被欺负时，家长都会感到非常气愤和着急。因为在我们的基因里面就记忆着这种事件的意义：只有父母不够强大，孩子才会被别人欺负。如果我们有钱有势或者看起来很吓人很强壮，我们的孩子再软弱可笑，也不会有人敢欺负了。

从上面的几个案例我们也能看出，当孩子被长时间的欺负时，父母有很大的责任：不论是没有及时帮助孩子，还是对孩子造成了坏的影响。

那么我们应该怎样做呢？

（1）当孩子第一次被欺负的时候就要表现出绝对支持孩子的态度，让孩子感到可靠和安全。

（2）引导孩子自己想办法应对欺负。如果孩子已经被人欺负一段时间了，孩子会产生害怕的心理，难以自己想出办法来。这时候可以用讲故事的方法，让孩子替故事中的角色来想主意。实在不行则可以由家长来说出一些方法，让孩子去评价。当孩子评价的时候，我们就能看出孩子的一些态度来。比如，如果孩子非常恐惧对方，那么任何方法他都会挑出不适合执行的毛病来。

（3）帮助孩子发展自己的长处。容易被欺负的孩子通常没什么朋友，因为如果人缘好就不会被欺负，或者就算被欺负了也可以号召好朋友和其他同学来反抗。如果一个讨人喜欢的人被欺负了，大家肯定都要替他打抱不平；而如果是一个很一般的人被欺负了，大家可能就会畏惧那些"霸王"而不敢理。所以，要帮助孩子改正身上原有的一些不被人喜欢的特点，并且帮助孩子发展自己讨喜的一面。当孩子有所改变后，可以帮助孩子进入一个新的环境，来到一个新环境，交新的朋友，对于孩子来说更容易开始新的人生。如果孩子长期被欺负，周围人对他的印象已经固定，那么当孩子改变后回到原环境很可能就又被打压下去了；除非孩子有极为翻天覆地的改变，例如长高了一大截、变帅气了、性格变坚强再也不害怕了。

被忽视的角落

导读：做老师的都知道，每个班都有活跃的孩子、普通的孩子、被欺负的孩子，还有一种就是像空气般没有存在感的孩子。

小龙考进了一所很好的高中，但是离家非常远。为了不影响他的学业，妈妈决定让他在学校住宿。但是从第一天开始，小龙就过得很不开心：他不知道怎么和同宿舍的男孩们交流，其他人也觉得他很闷不想理他。每每看到其他人一起在操场玩耍，他总是想加入却担心被拒绝，没有勇气走上前。有一次他生病了想让同宿的同学帮忙打个午饭回来，但是没有人愿意帮他，都找理由推托了。小龙很受打击，晚上躺在床铺上偷偷哭。妈妈发现了，认为这样下去不行，只好放弃让小龙在学校住宿了。

原因：包办、溺爱

小龙是家里三代单传的独子，家人对他的关心可谓是体贴入微，这也让孩子失去了自理自立的机会。连每天穿什么衣服都需要妈妈提前写好，更别说做其他的事情，对于同学而言，这像是一个不能自理的小朋友，同学们带着他有些麻烦，时间长了，自然会疏远。

成长最大的意义就是教会孩子独立，过于爱护恰恰让孩子丧失了学习独立的机会，没有自主的能力。一个人的成熟，并不单指年龄的增长，更多地反映在心理层面，这种与年龄不符的稚嫩，会制约孩子的心理成长，没办法达到应有的高度。这样的孩子也会和同学格格不入。当孩子被其他同学看不起时，当孩子受到伤害、感到挫败时，孩子的心中会怎样想呢？他们会想：这一切都是我的父母造成的！

要帮助孩子培养独立性，我们可以这样做

1. 让孩子学做家务活

家务活本来应该从孩子两岁就开始做了。当孩子第一次想要学着你的样子去扔垃圾、擦桌子时，就应该让他们去做，鼓励他们去做。做不好没关系，关键是要那个感觉。当孩子发现这件事很好玩，感觉自己很强大时，孩子就会愿意继续做。慢慢形成习惯，孩子会觉得做这些事情是理所当然的。而且做家务事还能锻炼孩子处理问题和思考问题的能力与条理性，也是整理情绪和发泄情绪的一种好方法。如果好习惯没有养成，而是让孩子有一种"只要管好学习就行了"的想法时，那么再让孩子去做家务，孩子会觉得是在做"分外"的事情——"烦死人了"，"为什么是我来做"。这个时候比小时候养成好习惯就难上百倍了，需要家长付出百倍的耐心，像小时候一样一点点地指点孩子。

　　我的好朋友说，她上中学的时候家里养了好几只小猫，家里的地毯上全都是猫毛。那时候她在家也是只管学习和玩耍的，家务活都是妈妈的事情。一旦妈妈让她帮忙做什么，她都会想："又打扰我看小说/听音乐"或者"还嫌我刚写完作业不够累似的"。但是她妈妈只让她做一件事，那就是把地毯上的猫毛擦干净。她妈妈给她一块抹布，然后示范给她看要怎样擦。她妈妈说："你看，就这样擦。妈妈特别笨不会干这种活儿，总也擦不干净。你心细，肯定能干好。"她一听这话，自然觉得一定要擦出一个符合自己形象的地毯来。于是就非常努力地擦啊擦，擦啊擦。擦完之后还觉得不够好，再擦擦，一直擦到她妈妈过来看了，说："都半个小时了，差不多行了。哎呀！擦得真干净！果然还是你擦得好。"自打这之后，每次她妈妈只要说"你帮我擦一下那个地毯吧"，她立刻就去擦得干干净净。随着干的次数增多，她也越来越得心应手，从一开始的嫌麻烦，渐渐觉得这就是她分内的事情，并且也开始对别的家务活跃跃欲试。

　　这个故事讲完，我们都做出一副恍然大悟的样子：怪不得你是个家务能手呢！

　　这便是我们常说的善用鼓励，用正向的"贴标签"的方法，让孩子爱上了做家务。

2. 让孩子自己的事情自己做

　　只要是我们成年人都自己做的事情，就要求孩子也自己做，不要担心"占用了学习的时间"。学习本来就需要分散进行才能更有效，利用休息时间做做家务或者做"自己的事情"正合适。

让孩子做自己的事情，还有一个需要我们注意的误区：不要让孩子认为请别人帮忙是不好的。我们这几代人往往有这样错误的观点，那就是任何事情能够自己做就不麻烦别人。但是从心理学的角度来看，这样做并不利于我们的人际关系。有时候我们手头有一些事情是我们不擅长、别人擅长的，这时候请别人帮我们做，一方面会让对方觉得自己是被需要的、被重视的，另一方面也提高了办事的效率。当人感到被需要时是会高兴的，这样做还会增进我们与他人的关系。这是一种人际交往的技巧，需要我们正确地向孩子们传达。

3. 让孩子适当吃点苦

一天做家长沙龙，有个男士说他儿子要去美国参加夏令营。有人问他儿子多大了，男士说17岁了。那人继续问："那你不陪他一起去吗？"男士哭笑不得："我去干吗？他跟他的同龄人在一起住在夏令营营地，我呢？"那人说："你也过去在附近找个旅馆住下。看不见儿子的时候你就去周围逛逛呗。"

像这种参加夏令营的时候，正是可以让孩子"吃点苦"的好时机。

现在很多家长都看不得孩子吃苦，可是孩子已经长大，想要自己去外面闯荡了。如果孩子已经发展得很好了，那正是需要去外面试试身手的时候；如果孩子到现在还不知道遇到问题怎么解决，那正是因为家长一直帮他解决，就更需要去外面试试、看看遇到问题的时候应该怎么办了。在困难和挫折的磨炼下，人才能增长经验、增强意志，变得更加强大和独立。

那么如何"适当"让孩子吃苦呢？我们没有必要特意让孩子去做很多艰苦的训练，偶尔参加一些特殊的训练营也可以，但更多的"吃苦"就在我们平凡的日常生活中。一旦家长觉得"这件事他自己肯定做不好"，或者产生了担心的心情，例如"她以前可从来没有做过……"，"估计他肯定会犯这样那样的错误……"，那么这件事就是可以让孩子"适当吃点苦"的事。从让孩子自己削水果、帮家长买菜洗菜，家长出差让孩子学会自己做饭给自己吃，让孩子自己出门旅行或者去行政单位、银行等地方办理业务，这些都是很好的锻炼。

让孩子善于独处

孩子没有朋友，是父母自己界定的，还是事实存在的？如果孩子并不认为这有问题，而且很快乐，我们就不要把自己的焦虑强加于孩子。每个人的性格都不同，要尊重每个人的天性。

我们大家都能与自己相处，但有人处得好，有人处不好。有的人"乐于与自己相处"，有的人"能与自己和平相处"，有的人"能够在独处中得到乐趣"，或者"独处——能够接纳自己"。独处，是一种独立人格的体现，同样是一种非常可贵的能力。

作为个体，我们都有需要跟自己相处的时间。随着成长，孩子们可能都会感到有些思绪无人能够理解，不愿意与人诉说，喜欢静静地看着远方，体会智慧的孤独感。

原野就是一个班里的独行侠。原野几乎具有所有容易被人欺负的特质：经常沉默不语，对其他人的事表现得漠不关心，甚至带一丝嘲讽的笑容；智商很高，没怎么看他用功学习成绩却格外优异——怎么看都让其他人觉得很"欠扁"。而且原野又很瘦，看起来应该很好欺负。所以有一天，真的有一拨坏学生拦住了原野。结果是原野把那几个坏学生摔得一塌糊涂，从此再也没人敢惹他了。多年后同学聚会，大家还在拿这件事当谈资。这时候的原野已经很善于交谈了。其实当年的原野也很寂寞，他比同龄人成熟，对于同龄人关心的事情已经不关心了。于是原野把精力都放在了学习和自己的爱好上面。进入社会后，原野自然如鱼得水。在大学和公司，原野也交到了很多志同道合的朋友。

人们往往把交往看作一种能力，却忽略了独处也是一种能力，并且在一定意义上是比交往更为重要的一种能力。从心理学的观点看，人之所以需要独处，是为了进行内在的整合。所谓整合，就是把新的经验放到内在记忆中的某个恰当位置上。唯有经过这一整合的过程，外来的印象才能被自我所消化，自我也才能成为一个既独立又生长着的系统。所以，有无独处的能力，关系到一个人能否真正形成一个相对自足的内心世界，而这又会进而影响到他与外部世界的关系。

发现问题其实是好事，因为这给了我们进一步认识孩子和引导孩子的机会，让孩子学会用积极的态度看待问题。我们应该让孩子明白，在与别人的交往中，真诚肯定是第一位的。如果待人不诚，即使有再多的优点，友谊也无法长久。

青春期的孩子往往崇尚自我，这是心理发展的正常表现，在尊重孩子天性的同时，要引导孩子学会帮助别人，与人分享。

青春期的孤独，像蝴蝶破茧般痛楚，但唯有经历这些，我们的心理、人格才会更加的健全，面对以后的生活，才能更有力量。

单亲的孩子怎么办

导读：遇到单亲的孩子该如何交往？教育单亲的孩子会有哪些需要注意的方面？

"爸妈要离婚了，作为十六岁的我，应该怎么办呢？"

"我三岁时，爸爸妈妈就离婚了，我和妈妈生活在一起。有时我为了见爸爸，甚至独自出门。渐渐的，我开始不爱说话了，常常想死，有一点儿小事就不开心，我会不会得了抑郁症？帮帮我吧，我觉得我心中有个大洞，是爱的缺失吗？"

"家庭是最重要的地方，在家庭里，人初次向社会迈进，家庭是社会的细胞，是人生第一所学校。"这是著名的苏联教育学家马卡连柯的对于家庭教育的一段话。

伴随着现代社会中人们对于婚姻观念的不断变化，离婚率也在不断增加，而大量的心理学、教育学和社会研究都表明父母的离异对于子女的心理发展是有很多方面的影响。当代著名儿童心理学家李索克所言："离婚是现代儿童面临着的最严重最复杂的精神健康危机。"

婚姻的幸福与持续与否是两个成年人根据自己的情感与现状做出

的选择。事实上在一个并不幸福温暖而仅仅是因为孩子而勉强维持婚姻的家庭中，即便是在双亲陪伴下成长的孩子，其心理发展情况也并不乐观。更重要的是如果真的因为各种原因而带给孩子一个离异的家庭环境，那么来自父母的一方甚至是双方的态度和教育就对孩子来说至关重要了。一个好的引导让孩子不会自卑、自暴自弃，依旧能够乐观地对待生活；而一个不恰当的引导则会让孩子失落难过，以致可能产生心理上的障碍。

不同的父母类型

由于经历了婚姻的变故，各种不同类型的父母在对待孩子教育的方式上也产生了比较大的改变，大致上来说，离异家庭的父母有以下几种类型：

过分溺爱型： 这种类型的父母主要会将自己满腔的母爱或是父爱全部一股脑儿倾注在孩子身上，还生怕不够或是哪里做得不够好，不能够弥补离异带给孩子的伤害。这样过分的宠爱常常会导致孩子养成许多不好的性格和习惯。有求必应的教育方式在普通家庭孩子的教育中都会产生许多问题，对于离异家庭的孩子就更是如此。这样的做法也会侧面强化父母离异带给了孩子伤害的事实，哪怕这种伤害实质上是微小的。

严厉粗暴型： 比较常见的是由于自己刚经历过离异的痛苦，有的家长就会将自己对生活的全部希望寄托在孩子身上，希望孩子能够成为最优秀的人，希望这种成就感能间接淡化自己在婚姻上的挫败感。家长的这种严苛完美的要求放到孩子身上，就变成了一旦孩子出现一点问题，就对孩子非打即骂。这样沉重的、超负荷的"爱"会让孩子难以适应与承受，也很容易产生一系列的心理问题。

放任自流型：在离异后再婚的家庭中这种情况会比较常见，家长或许会因为有了新的生活重心或是其他种种原因而疏于对孩子的关心和教育。这种忽视是可怕的。孩子一旦感受到自己不再被关注就会觉得自己不再被爱，而随之而来的就是强烈的自我否定或是自我放逐。

怨妇仇恨型：离婚致使家长内心充满了痛苦自卑，对于被离婚的一方更是由爱生恨，由此我们会把很多消极情绪传递给孩子，甚至在孩子面前毫不掩饰自己的痛苦、悲伤、愤怒。而孩子在面对家长的情绪时会产生很多复杂的消极的解读，甚至因此而产生对自己存在的质疑。

如果你是一个离异的家长，是否能在上面的几种类型中找到一种对号入座呢？

事实上，离异家庭的孩子并不代表就一定在某一个方面弱于普通家庭的孩子，因此作为父母，一定不能将其作为一种缺陷去对待。事实上最忌讳的离异家庭教育孩子的方式就是因为离异而觉得对孩子有所亏欠，从而在各方面溺爱孩子，或者是对孩子加倍地严厉。

其实，随着社会的进步和开明程度的增加，现在离异家庭的孩子所需要面对的来自学校老师、同学等外界的压力已经逐渐减小了，这是一个令人欣慰的现象。但同时，相对地，孩子所面临的问题也变得越来隐蔽。

如何将对孩子的影响减到最小

父母是孩子最好的老师，在孩子的教育上家长都不希望自己的选择对孩子有不良的影响，其实积极的例子很多，并不是每一个离异家庭的孩子都会有成长缺陷。

首先，相对于离异事件本身，消极的离婚叙述与不良的家庭关系对于离异家庭子女的负面影响更严重。

来自父母或是亲友的消极对于离婚的叙述与评价会强化孩子的负面心理，而一种不良的离异后的生活环境也会让孩子很长一段时间甚至是一生都难以走出父母离婚的阴影中。

对于离异的家庭来说，一定不能给孩子产生"生活中因为突然少了爸爸或者妈妈就产生了天翻地覆的变化"的感觉。虽然在心理上孩子一定要经历和适应每一天不再能够同时看到父母双方都出现的画面，但是在生活的物质上和环境上尽量保持与以前的一致应该是很重要的。

如果同时经历心理上和生活环境上的双重冲突与巨大变化，那对于每个孩子来说都会是一次"致命"的打击。所以如果是才离异不久的家长，应尽量保持以前的生活节奏，不要让孩子觉得自己突然要遭遇太多的陌生而变得有些不知所措。即使不得不有些许改变，一种渐缓的过渡是比较好的方式。我们要呵护孩子那颗纯真的心，不要将大人的不安和焦虑的情绪带给孩子。坏情绪是会传染的，不能觉得孩子年纪小看不懂成人的世界，其实正是他们纯真的眼神最能感觉到周围环境的不安与忧愁。

其次，很重要的一点是要让孩子感受到大人的选择不是因为她/他。所以不管是爸爸还是妈妈都要在有形无形中告诉孩子：离婚这件事情与他是没有任何关系的。不是因为他不够优秀或不够乖巧而不能让爸爸妈妈在一起的，他也不需要因此承担任何责任。在离婚之后，爸爸妈妈两边的任何一方都依旧是他的爸爸妈妈，这份对他的感情是不会随着父母婚姻关系的破裂而消失的。

这样的道理看起来可能是陈腔滥调，但知易行难，在生活中真正能做到的家长双方其实是屈指可数的。

可能做家长的最担心的一点是孩子会因为父母离异的原因而导致成绩严重退步，这样的现象是家长特别不希望看到的。所以在父母离异后对于孩子的教育方式不应该有很大的改变。最错误的做法就是因为离异的原因而对孩子一下子疏于管教了。家长一定要明确的一个观念是：对待孩子，除了让他意识到大人之间的不和睦不是他的责任之外，也要树立一个父母任何一方也不会因为离异而给他更多的纵容，或是溺爱，或是对他的要求降低标准。也许这是一个听起来有些不够温柔甚至有些残酷的做法，但是如果在一棵小树苗初次面临风暴的时候就告诉他如果不行就躺下吧，而不是坚强地挺立，那么他们又怎么能茁壮成长为大树呢？

在学业上有的孩子也许会比较自律自觉，有的孩子会需要家长的管教比较多一些，但无论是怎样的类型，如果因为离异而突然改变了以往的教育方式，或是对孩子态度有所放松，就会对孩子造成了不好的暗示，从而影响他的学习。

　　另外，一些及时的、恰当的与孩子老师的沟通也是很有帮助的。毕竟作为家长不能无时无刻都陪伴在孩子身旁，而孩子在学校的表现也是很能反映孩子的心态的。家长不能期望离婚对于孩子没有任何一点的影响，只能用一些办法来合理降低这些影响。当我们在与老师沟通的过程中，一定也要和老师约定好为孩子所经历的事情保密。要不要告诉身边的同学自己所经历的事情，这个决定权永远都应该掌握在孩子自己的手中。

　　在离异之后，不同的家庭会有不同的方式让孩子与父母双方相处，但不管是哪一种情况，孩子与父母中某一方的生活时间占据了大多数，而这样的生活方式就会在无形中让孩子的行为举止产生一些变化。这种变化在由母亲抚养的男孩或是父亲抚养的女孩中尤为常见，特别是在长时间相处之后。有的孩子虽然不管是在学习还是生活的其他方面都表现得很优秀，但是却在一些言行举止中会变得有些中性化。长时间与父母中的一方相处这种潜移默化的影响很难避免，而一种最好的改善方法就是来自亲友的陪伴。亲友可以很好地为孩子做到一个成熟的异性或同性榜样，一个长时间和妈妈生活在一起的小男孩如果在平常能够多和哥哥、舅舅或是姨夫等在一起出外运动或是交流，就能够很好地弥补由于父亲角色缺失所带来的一些弊端，因为一个好的榜样总是能够起到很多的正面作用。但是如果亲友的陪伴因为各种各样的原因难以做到，多鼓励和引导孩子与同性的伙伴相处也是一种很好的办法。在同辈中孩子不仅可以收获到与自己性别相符相似的归属感，也能够很好地锻炼自己的自信和交际能力，学会与人沟通相处，收获开心快乐的情感，也能够减轻很多来自于父母离异的压力。

　　生活在离异家庭中的孩子也许还会经历很多没有相同经历的人感受不到的困难，但是不管是从理性的角度还是感性的角度来说，作为一个母亲或是父亲，对于没有能够为孩子提供一个完整的家庭必定会感到满心歉疚。但是孩子需要的不是怜悯的感情和呵护，而是一份坚强和充满正能量的鼓励。如果能够充分地利用这一份愧疚作为更好生活和教育孩子的动力，那么就一定可以渐渐驱散孩子心中的片片乌云，让他们的心中永远有一片最灿烂的天空！

　　还有一点需要父母们注意，我们的孩子在面对父母离异的时候会有他们自己的情绪，我们不希望自己的生活选择影响到孩子，也不希望孩子处于消极情绪当中。但是情绪的流露本身就是内心的一种宣泄过程，而父母看到孩子消极情绪的流露其实会产生对孩子的愧疚感，我们也正是因为不想面对自己内心的愧疚感而可能会禁止孩子因为父母离婚而有的不良情绪。当父母这样做的时候，其实会把孩子的某些情绪压抑在内心深处，这种消极情绪的破坏力量很强大，孩子会因为被压抑而产生其他未知的一些伤害。所以，我们要允许孩子面对父母离异的事情有情绪，甚至当我们自己能够控制自己的情绪的时候，可以和孩子探讨一下父母离异的事情，并且两个人可以一起做一些离异后单亲生活的计划，让孩子找到自己的价值和对抗不良情绪的方向。

第三章

青春期性教育

蓝颜红颜

导读：孩子与异性交朋友，家长应如何把握这个度？

　　在做家长沙龙或者教育主题的讲座后，总会有家长就孩子"早恋"的问题来请我帮忙。有的家长说，自己家的孩子以前只和同性孩子玩耍，现在上中学了开始爱和异性同学来往了，不知道应该怎么应对、怎么引导？有的家长说，上高中后，儿子和一个女孩子接触越来越密切，本来是不阻止孩子和异性同学来往的，但是担心以后要出问题，怎么办？有的家长说，自己的孩子好像好朋友都是异性，家长应该怎么做？

　　生活中我们的世界由两性相构成，男性和女性无论是在生理或是心理上都有着本质的不同，但也正是这种不同创造了无数的精彩。歌德曾经说过："哪个少女不怀春？哪个少男不钟情？"在青少年之间，爱也同样以她美好而独特的一种方式存在。不得不说，异性交往是孩子们社会化发展的一门"必修课"，因为异性交往既是成长过程中令人向往的颇具魅力的一部分，又是一种十分神秘而让人困惑的人际关系。作为家长，其实应该认识到它不仅是促进青少年性别角色成长成熟的一个重要条件，也更是他们性别心理健康发展的重要内容。因此大可不必对孩子间的异性交往过度担忧，只有孩子们学会了与异性之间的健康交往，在以后的生活中他们才能够建立起一个良好的人际关系网络，从而保证学习、生活正常良好地进行。

从心理任务发展角度来看，青春期的异性交往也是我们的孩子在进行自我性别角色认同的过程。我到底是一个什么样子的女孩（男孩）？我作为这个性别角色的人会不会对异性有魅力？我应该为我自己的性别角色而自信吗？等等类似的问题会在青春期的发展过程中得到验证。而这个验证需要的就是一些异性的交往过程。

那么，究竟应当怎样教导孩子呢？可以从对异性的认识、对异性交往的认识以及观念、由异性交往带来的情绪体验、与异性交往的态度和方式等几方面来思考。我们这本书是为了帮助家长陪伴孩子顺利长大，其中包括让家长理解孩子，也包括告诉家长如何帮助孩子。以下的内容也适合给孩子阅读，让他们对自己和异性更加了解。

什么是另一个性别

这是一个看起来幼稚和简单的问题，有的家长可能会嗤之以鼻："我家的孩子在还是小婴儿的时候我们就开始帮助她正确认识自己的性别角色。""在学前的时候就差不多教给了他正确明白性别观，现在再说有什么意义呢？"

这的确是一个不可否认的事实，但是当家长一直在帮助孩子建立自己的性别观念时，关于另一个性别的认识和教育呢？

岚是一名初一的学生，来到咨询室的时候，岚的眼睛闪烁着，不敢和咨询师的目光接触。原来，岚在放学后的路上，因为差点被一个大学男生非礼，受到了很大的刺激，之后就出现了选择性缄默的症状。岚的母亲说，岚是个非常天真好学的孩子，很喜欢科幻小说。那名大学生就是借着和岚聊科幻小说接近她的。岚的母亲没有对岚特意进行过青春期方面的教育，甚至表示就在一年前，岚还会坐在她同事、岚的"叔叔"的大腿上画画、聊天。在岚的观念里，一个男大学生，或者说一个男性，其思维方式、行为方式都是应该和她自己差不多的，所以岚根本没考虑到什么危险。

所以，在青春期中，很重要的一点是能够帮助孩子对异性的正确认识。我们需要让他们明白，男女的差异不仅仅只是身体结构和穿着打扮的差异，不仅仅是男孩力气大、女孩更细心，男孩女孩各自的天性就不同，优势与短处也不同，在社会或者生活中男女所扮演的角色也不同；更深层次地说，男女的心理特点、思维方式都是不同的。这时的孩子对异性差异的认识应当是深入而广泛的。

现在在青少年的生活中充斥着"女汉子""伪娘"等对性别有着不明确界定的流行词汇，也正是孩子们缺乏这种青春期教育的表现。甚至家长们本身对异性的了解也是极少，因为家长们也从来没接受过这方面的教育。

"迷人"的性别差异

心理学的研究表明，在社会中适应最良好的是具有"男子气的男性和女子气的女性"。要想弄懂这两个词，首先要知道什么是男性和女性，什么是男女平等。

男性，肌肉的力量是女性的数倍——因此男性理应承担更多体力活，这叫作男女平等。

女性，女性的大脑供血量比男性的大脑更充足，可以同时处理多任务，可以兼顾非常多的细节——因此女性天生擅长照顾人和整理事物，适合做教师、护士、管理人员等工作，这叫作男女平等。

男性和女性在体力、脑力、思维方式上面都有很大差异，这些差异造成了男女擅长不同的事情，这不叫不平等，这都是男性和女性的特点。男女平等并非要求女性去做男性擅长的工作，男性去做女性擅长的工作；而是在客观认识两性差异的基础上，追求权利的平等，心灵的自由。因此，一个具有"男子气的男性"，他是符合男性强壮、果断、专注等男性固有特点的；一个具有"女子气的女性"，她是符合女性温柔、细心、考虑周到等女性固有特点的。反过来，一个如女人般纤细敏感的男性，必然因为其不像一个男性而让家长忧心忡忡。

心理学小知识 ▶▶

大脑功能决定女性更善说话

美国哥伦比亚大学神经生物学家八田武志教授通过实验，比较正常男性和女性的大脑发现，女性大脑中负责维系左右部大脑间联系的胼胝体比男性更为宽大；专门负责语言功能的颞叶脑平面，男性则是左脑更加粗大一些，女性颞叶脑平面则并没有特别集中在左脑，而是左右相差无几。八田武志认为，这说明在进行语言功能运作的时候，女性的大脑更多地依赖左右脑协调进行工作，比起男性左右脑分工明确，各个区域各司其职的做法，显然女性更有语言能力方面的优势。并且由于女性的脑通道更加发达，造成了女性更容易组织语言、更善于表达。

他/她为什么不理解我

小靓曾经在一个非常好的中学上学，在学校也有很多男性女性的好朋友。一开始，大家交流起来都很顺畅，小靓一直以为只要大家智力水平差不多，沟通都不会出现问题的。可是渐渐地，小靓发现自己越来越爱和自己的男性好友吵架了。

"为什么他就是不能明白我的想法？为什么我认为应该这样的事情，他不那样想？"为了这些事情，小靓不知多少次喊破了嗓子，不知流了多少眼泪。直到小靓看到了国外传来的那本火星男人金星女人的书，小靓仍然是半信半疑的："这种畅销书都是写来骗人的吧？""好像有点道理，但是，不会是为了给男人说好话的吧？"

晓丹和程浩两家人是邻居，他俩是从小长大的好朋友。小时候，他们一起追跑打闹，一起做作业，两家人一起周末出去玩……可是进了中学后，晓丹越来越觉得难以和程浩沟通了。

"难道因为我们都长大了，进入青春期了，所以就渐行渐远了？难道只要长大了就不会有异性友谊了吗？"晓丹有点迷惑，又有点伤感。

有时候晓丹和程浩聊天，总觉得程浩没有认真听，就觉得大概是自己说的话题太无聊了，于是也没有了说的兴致。当晓丹停下来不说话的时候，程浩居然也没有任何反应。"果然就是觉得我很无聊！"晓丹有些生气地想。

晓丹渐渐不再主动去找程浩玩了，可是程浩居然还经常会叫晓丹一起上学什么的。"到底要怎样啊！"程浩这样子反而让晓丹更生气，而程浩则是丈二和尚摸不着头脑的样子。

两性之间无法沟通，成了音乐、文学、艺术和日常聊天的永恒主题。为何男女之间存在交流的麻烦？如果我们自己都回答不了这样的问题，我们要如何去指导孩子呢？

我们的孩子因为两性交往的问题会引发很多的困扰和情绪问题，甚至有些孩子会把自己对于异性朋友的好感解读成为爱情，而家长如果也单纯地这么认为而不是积极地处理这些情感，甚至看到孩子因为异性交往中的一些障碍而远离曾经的异性好友而窃喜，其实是不明智的选择。要知道，如果我们的孩子并不能很清楚地意识到这些异性交往问题其实仅仅是因为两性差异而导致的暂时现象，就很有可能产生与异性交往的恐惧感，还有的孩子因为与异性交往不顺畅的原因而对于这个领域的交往产生更加强烈的好奇心。

与其严防死守，不如合理引导。应该避免的是孩子通过自己探索的方式进行更加不恰当的行为。

心理学小知识 ▶▶

男女交往的模式从小就不同

美国心理学家的研究表明，儿童与其同伴互动时的社会结构对儿童整个发展期都造成主要影响。不论男孩儿还是女孩儿都倾向与同性玩耍，而不同性别的小群体中的组织结构是不同的，他们的互动方式也不同。

男人女人间的沟通，简直像是不同物种间的沟通。而科学家相信造成这一现象的原因，是孩童时期不同性别群体的系统性差异。男人女人的沟通方式就和男孩女孩的沟通方式一样。这是青春期异性交往时，我们应该告诉孩子的。

不管是女人还是女孩，亲密感是她们维持关系的纽带，而交谈就像是织成这条纽带的丝线。小女孩靠分享彼此的秘密来建立并维持朋友关系；女人也把沟通当作是友谊的基石。女人一般都认为，说什么话题不是最重要的，重要的是当女人讲述自己的思想、感情和印象时，可以获得一种亲密感，一种分享彼此生活的感觉。

　　男孩之间的关系并不一定比女孩间的远，但对于他们来说，说话不是那么重要，更重要的是一起做事。因为从来不把交谈看得那么重，男人对女人的那套交谈没有经验，根本搞不清楚女人想要的是哪种交谈。而且就算生活中没了交谈，他们也不觉得缺点什么。

　　男孩的群体一般比女孩的要大，包容性比较强（不像女孩那么斤斤计较、吹毛求疵），而且等级分明。因此，男孩必须努力，以让自己能在群体中处于较高的位置。这在一定程度上揭示了为什么女人总是抱怨"他不听我说话"：有些男性真的不喜欢听别人说话，因为这让他们觉得自己地位低下，就像孩子听大人说话，或职员听老板说话一样。

　　女性有时会抱怨："你根本没在听我说话！"而男性则可能抗议道："我在听！"这种时候，通常那个男人并没有撒谎，他的确在听。

　　这些小知识并不是让你教孩子如何辨别两性，而是当我们的孩子在和异性同学朋友发生类似的矛盾不解的时候，我们有更多科学的解读方式来帮孩子坦然地面对一些他们不理解的现象。

女孩情商高还是男孩情商高

　　进化心理学是近来在科学界影响越来越大的一个心理学理论，有些进化心理学的研究者做了这样一个实验：让刚出生的新生儿观看两种图片，一种是汽车的图片，另一种是人脸的图片。我们都知道，小婴儿刚生出来就会显露出人类的智慧：喜欢看复杂的图形。以前有人做的类似实验是给小婴儿看简单线条、简单轮廓（圆、三角）、复杂图形（花朵简笔画）、人脸等图片，结果发现，图片越复杂，婴儿盯着看的时间越长——也就是越感兴趣。那么，现在这个实验让婴儿们看汽车和人脸的图片有什么意义呢？实验结果发现：男婴大多数更爱看汽车图片，女婴大多数爱看人脸图片。也就是说，男孩子天性倾向于热爱机械类的物品，女孩子天性倾向于与人交流、沟通。

早就有人说女性的情商比男性要高，不过实际上，男性和女性在情商上面各有千秋。女性更擅长感受、分析和表达情绪，男性则更擅长管理情绪。

好，让我们来看看当朋友遇到问题时，女孩是怎么反应的。一般来说，一个女孩会提出试探性问题，并表达同意和理解。

"莎莎昨天和小美一起写的作业，而不是和我。"

"啊？不会吧！怎么可以这样？"

"是啊，我觉得很难过，难道我做错什么了？"

"要是我遇到这样的事肯定也会很难过的。"

……

但男孩呢？男孩常常是不太理会对方的问题。当一群男孩在小饭馆里打算喝酒时，小成有些退缩，而德明则向小成担保说，他喝点酒绝对不是问题，因为"你喝得有点儿晕乎的时候比较好玩"。而当高原说感觉自己被大伙排斥了的时候，阿泰则回应道："你？不可能啊！你认识的人比我还多呢。"

要是对话发生在男孩和女孩之间，女孩会把这种回答当成是贬低和不支持的，但男孩们似乎不觉得这样有什么问题。女孩安慰对方的方法是说："你别太难过啦，我也有相似的经历。"而男孩安慰对方的方式是说："你不应该难过，因为你的问题根本没那么严重。"很有趣的是，这两种安慰方式都是心理咨询里面的技术。女孩采用的方式叫作"共情"，也就是通过表示能够感同身受，让对方感到被理解和安心。男孩采用的方式叫作"合理情绪疗法"，也就是说，一件事情之所以会让你有情绪，是因为你对这件事情的看法造成的。

心理学小知识 ▶▶

合理情绪疗法

当你带着你刚做好的、非常心爱的模型走到公园，将模型放到椅子上后，一个人一屁股坐了下去，把你的模型坐坏了。这时你感到的是愤怒。如果你发现这个人是个盲人，你感到的是同情、沮丧、惋惜。所以，同样一件事情，如果我们的看法不同，情绪就会不同。合理情绪疗法认为我们的情绪由事件、认识（看法）和后续的情绪反应构成。事件是我们无法改变的，但是改变认知，我们就能改善情绪。

其实，不管是孩子们之间，还是成年人之间，还是我们对孩子，当我们要安慰对方情绪的时候，最好的方法就是先"共情"，再"合理情绪疗法"。我们应当充分地理解对方，肯定对方的反应，当对方的情绪缓和下来，冷静下来，过一段时间，我们再去"讲道理""做分析"。

男孩和女孩都应该向对方学习优点。心理学家从对企业的高层领导人的调查中发现：高层领导人往往同时具有男性情商优点和女性情商优点——既善于感受情绪，又善于管理情绪。就像大猩猩的族群当中如果有猩猩遇到了不好的事情，雌性大猩猩都会摸摸那个猩猩的后背、碰碰手指，表示支持和理解，雄性大猩猩则不懂得这样做，而大猩猩族群首领（雄性）则会对那个猩猩做出比雌性大猩猩还要多的接触、安抚的动作。

学点心理学小知识，当孩子遇到与异性交往不愉快时，这些小知识能帮助家长们了解自己的孩子为什么会有这样的情感体验，也帮助我们找到方法化解孩子内心对于自己交往能力以及交往价值的困惑。

又吵架了

小丽对好朋友小勇说："你知道吗，今天我去找小西一起吃午饭，找了半天也没找到她，结果发现她和她的新同桌已经在食堂吃上了！气死我了！我饿着肚子找了那么半天，她怎么能这样子！如果她要和别人吃饭那就提前告诉我啊，也不告诉我，太不尊重人了吧！根本没把我放在眼里，她还是我好朋友吗？好朋友就这样子啊？而且还和那个我最讨厌的新同桌一起去吃饭，有说有笑的。我都跟她说了不喜欢那个人，叫她不要和那个人交朋友啊！……喂，你怎么都没反应啊？我跟你说话呢，我这气得要死！……"

"我不是听着吗，你别着急，冷静一下。嗯……其实吧，小西想和谁玩是她的权利啊，你也管不了她……"

"我就要管！她和我先好的，她是我的好朋友啊！怎么能不顾及我的感受呢？你什么都不懂。笨蛋一个！我不和你说了！"

青春期的异性交往让孩子们就像一对小冤家。异性间的差异让他们互相欣赏、互相吸引：一方面，女孩子觉得男孩子心胸开阔、自信可靠，男孩子觉得女孩子细心体贴，温柔可爱；可是另一方面，女孩子又觉得男孩子粗神经大笨蛋，男孩子又觉得女孩子林黛玉无事生非……

其实，有时候，当女孩子以为男孩子没有认真听他们说话，只是因为另一个更简单的原因。语言学家发现，女性在听别人说话时，喜欢以"嗯""啊""是的"之类的词来表示认真倾听的态度，而男性在专心听别人说话时，则常常是不出声的。结果会怎样呢？女孩觉得沉默的男孩根本没在听，很生气；男孩觉得频频回应的女孩是在应付他，是不耐烦了，也会很生气。

如果我们采访一下小丽，小丽会告诉我们："我只是想和小勇说说，发泄一下，希望他站在我这一边，替我骂骂对方。他却指手画脚的，好像我不知道该怎么办似的！"小勇则会说："她只是想说自己的看法，我一提出不同的意见，她就急了。"

男性常常觉得自己有义务指出事物的另一面。但女性在潜意识里认为，交谈就是为了表示理解和支持的。她们听到异议，会认为这是对自己不忠的表现，而且会认为对方拒绝提供必要的情感上的支持而不是出谋划策。

心理学小知识 ▶▶

男人爱打猎，女人行礼节

人类今天的沟通方式和能力，实际上早在人类史前就形成了。从进化心理学的角度来说，远古时期的男人们负责打猎，必须要肌肉发达、头脑简单，以便外出狩猎及把猎物弄回山洞。女人却要照顾好孩子和其他一些事情，诸如照顾家族、采集果实。与此同时，女人还要能够看出陌生人的企图。所以，她们的交流技巧以及察言观色的能力特别强。女人的大脑具有存在言语、声音及非言语层次上有效进行交流的功能。这跟她们百万年来生养孩子及所谓"护家者"的角色有关。男人的大脑却具有从远处击中目标的功能。

所以男人无论做什么事，都像打仗似的，常常采取竞技、对抗的方式。结果讨论变成了辩论，谈话变成了抬杠。相反，女人把谈话看成是礼节性的，其目的是建立和谐关系。如果小丽跟小西说"我遇到一个问题"，而小西回应道"是吗？我也遇到过相似的问题"，她们肯定会感觉彼此关系更近了。但是如果这段对话发生在两个男孩之间，不光起不到建立和谐关系的目的，还可能会产生反效果；问问题的男孩会觉得回答问题的男孩没有帮他出主意，是在糊弄他。男性常常看不到女性谈话的礼节层面，而单纯地以为女性只是在说自己那点麻烦事；反之，女性也常常误解男人质疑的习惯，把它们当成是真正的攻击。

改变无望，理解有望

这样的话，我们该怎样帮助孩子们改善他们的沟通呢？男孩还有提高交流能力的机会吗？近年来在人类大脑的生理结构方面的研究，证实男性的大脑功能是单一导向，大多数男性的大脑是在一个时间只能做一件事；女性则正好相反。因此，上面所说的现象都是必然会发生的，就好比我们的呼吸、太阳的东升西落是自然界的规律。我们需要做的是努力从自身角度进行改变。我们所能做到的就是让孩子去认识这些道理和规律，教孩子用一套全新的思维模式来理解对方，理解谈话对人际关系的重要性，然后在行动中去调整。

我们可以告诉孩子：

（1）如果你和男孩说话，建议你一次只说清楚一个观点。否则，大多数男孩会搞不清你说了些什么。而他们却要装成听明白了的样子。这样往往会误事。

（2）如果你和女孩说话，请多多回应她们的情绪；请不要给她们出主意，除非她们问了，或者在她们冷静的时候。

（3）只要我们不想着"对方应该为我们做什么"，而是想着"我们怎样做才能让对方理解自己"，那么无需责怪，问题自然就解决了。

他/她真的影响了我的情绪吗

青春期的孩子总是敏感的，常常会因为对自己在异性交往中的表现、地位及交往关系等的自我感觉、自我印象和自我评价而造成情绪情感的偏差或是障碍，比如由于与异性交往而产生的焦虑、抑郁、压抑、胆怯、恐惧、敏感、苦恼等情绪情感体验等。

不知不觉中，小萌发现小姐妹们聚会时常说："哎呀，你说我明天到底要不要把那本书带到学校去呢？同桌的他好像那天有专门提到过他对那个作者很感兴趣哎，你说，我要不要假装碰巧带去，然后让他也知道我们有一样的爱好呢？还是说，我直接借书给他呢？""最近我的头发好干枯呀，真怕让其他男生看到觉得我很讨厌……""你最近在用什么擦脸的化妆品，好香呀，我也想像你那样，走过去飘一阵香。你看晓宇没事就看你……"咦？怎么大家都开始在意男生对自己的眼光了？

晓宇的父母也常常能看到自家平时都邋邋遢遢，连早起刷牙都要自己一催二请的宝贝儿子怎么最近总会早起，然后花很长时间在卫生间里捣鼓自己的发型……

其实异性带给孩子们的影响已经潜移默化地渗透在生活的方方面面了。但这样的现象背后并不一定是孩子有了某个"心仪的他/她"，而有可能只是他们开始更加在乎别人尤其是异性对自己的看法了。就像初三的叮当总不愿意梳起自己厚厚的刘海，哪怕刘海下的额头因为不透气已经长满了红红的青春痘——唔，当然，有了痘痘就更不能梳起刘海让它们露出来了。

正所谓"男女搭配，干活不累"。就是因为异性间有着积极的促进作用，我们的学校才会更多地采用男女分班。曾经有一个心理学老师做过一个有趣的实验：当加班小组只有男性的时候，加班的效率很低；然后老师安排一个女性参与进加班小组，结果男性们加班的积极性都提高了，效率也提高了一倍！其实在小学的时候，男女生之间就会有互相促进的作用。而青春期阶段的孩子们正是荷尔蒙猛烈散发的时期，这个时候如果看不到异性，岂不是要憋死他们？

被人传闲话了怎么办

　　小荣的妈妈特别喜欢男孩子，一直想要一个儿子。受到妈妈的影响，小荣也觉得男孩子"不婆婆妈妈、不斤斤计较、有力气、大方"，她还觉得理科好、爱玩电子游戏的自己自然和男生更有话说。于是，小荣的好朋友里面男生居多，女生偏少。时间长了，同学们就开始传一些闲言碎语。甚至小荣发现真的有几个男生好友开始喜欢自己了！小荣有点高兴，也有点慌，不知道怎么办才好。因为小荣一直和妈妈关系特别好，就把这事说给妈妈听。妈妈的第一反应就是："我家小荣就是好，当然有人喜欢了！"然后妈妈跟小荣说："你看，如果你的行为举止都像个男生，那么他们肯定不喜欢你。正是因为你和他们聊得来，玩得好，但是又有女孩子的优点，所以他们才喜欢你。（这是小荣妈妈借机教给孩子恋爱的技巧呢）不过，交往是双方的。如果你一直保持不卑不亢的态度，他们也只能继续和你做好朋友，因为他们喜欢你，所以不会随便做让你讨厌的事情，害怕你生他们的气。不过，你也要做好心理准备，可能有的人受不了打击，你们就做不了朋友了。至于同学们的闲话，不要管他们。大大方方和人交往，不要单独在人少的地方聚，多在人多的地方待，让他们看看你们没有什么见不得人的！"

由于社会及文化的原因，在我们的生活中仍然还是存在着有的孩子只是因为表现出想多与异性同学交往的愿望，或者与异性同学关系特别好就引来了老师和家长的"重视""教育"，甚至是阻止的现象。

某中学初一年级的两位学生由于相互吸引而走到了一起。一开始，老师们竭力干涉，然而，这种干涉反而为两个孩子增加了共同语言，他们更加成为一对棒打不散的鸳鸯。

后来，校长改变了策略：他将孩子和老师都叫去，没有批评孩子们，反而和孩子解释说学校误会了他们，把纯洁的感情玷污了。过后，这两个孩子还是照样来往，但是不久他们就因为缺乏共同点而渐渐疏远，最终由于发现对方与自己理想中的模式相差太远而分道扬镳。

当孩子们交到一位异性朋友，保持着友好和纯洁的关系时——甚至互相饱含着懵懂的好感时——是非常期待家长及周围人的理解与尊重的。而当大人们对这件事情反应激烈、严令禁止，甚至破口大骂，找到对方家长……这样的事情换做我们成年人也感到难以接受。结果自然是两败俱伤：孩子觉得口口声声说爱自己的父母完全不理解不支持自己，感到极大的伤害，甚至开始恨父母；然后两个孩子结成了共同的抵抗父母的战线，关系变得更好了。

莎士比亚的名剧《罗密欧与朱丽叶》描写了罗密欧与朱丽叶的爱情悲剧：两人相爱很深，但由于两家是世仇，感情得不到家里其他成员的认可，双方的家长严加阻挠。然而，他们的感情并没有因为家长的干涉而有丝毫的减弱，反而相爱更深，双双殉情而死。

在现实生活中，我们也常常见到这种"罗密欧与朱丽叶"现象。这种现象还得到了心理学家的关注，结果发现这是人类普遍拥有的一种心理规律或现象。也就是说，任何人，只要自己选择了心仪的对象，然后受到周围人的强烈反对和阻挠，任何人都会更加喜爱自己选择的对象，越发分不开。

为什么会出现这种现象呢？这是因为人们的认知系统有一种追求平衡的倾向。比如我们想要一个苹果，那必定是因为这个苹果很好吃——这是平衡的。如果我们已经选择了一个我们认为一定好吃的苹果，这时候别人告诉你"错了，这个不好吃，选另外这个吧"，我们会怎样呢？为了保证我们自我系统的平衡，我们会认为别人说的是错的，并且为了反抗这种外部的力量、抗拒外部强加的选择，我们更加喜欢我们自己选择的苹果了。

心理学家的研究还发现，越是难以得到的东西，在人们心目中的地位越高越大，对人们越有吸引力，轻易得到的东西或者已经得到的东西，其价值往往易被忽视。

因此，如果我们对孩子的交往胡乱干涉，可能他们会陷得更深：如果两个孩子本来就是友情，我们的干涉会让他们更加喜欢对方，结果真的变成了恋情。

当外界阻止孩子和异性交往时，孩子们会避免在老师和家长面前表达、表现出和异性交往的愿望或是紧密的关系，更不用说是自己体验到的与异性交往所带来的积极情绪，这样对他们的成长是非常不利的。或许这样的现象在一些开明的家庭中已经很少见了，但"冰冻三尺非一日之寒"，还是有很大一部分家庭中会有这样的一种现象。其实家长们不应该把孩子在与异性交往中表现出的快乐与喜欢当作洪水猛兽来防备。恰恰相反的是，在异性交往中正确的、适度的、积极的情绪体验对中学生们的心理健康发展有着非常重要的促进作用。因为天性的不同，很多时候异性交往会带来"取长补短"的和谐关系，发生争吵或是矛盾的概率也会远远低于一些同性间的交往。

我知道家长们在看这段文字时或许会有一些反感，因为我们无法控制自己对于孩子与异性交往把控不当而可能引发的严重后果，我们害怕万一的可能性发生在自己孩子身上。

在这里我想告诉家长一个真相，我们的孩子在青春期时候的异性交往功效是满足了自己对于自己性别角色的认识和自信，但还有一些其他的东西是在这个过程中发挥力量的——那就是情感补充。

当我们的孩子在家庭关系当中认为自己对于爱的获得是不充分的，认为自己的价值是不充分的，认为自己是被过度控制、否定、怀疑，认为自己的家庭情感部分是冰冷的压抑的时候，孩子们会因为情感的缺失而去进行自我异性交往产生的"爱与被爱"的感觉而进行情感补充。

所以，青春期的孩子，积极的"早恋"是对于自我性别角色的认同过程，如果家长处理得当，不充分激发孩子的逆反心理，那么我们的孩子并不会出现出格的行为问题。消极的"早恋"就是对于情感缺失的一个补充过程，再加上家长的强烈干预而激发的叛逆情绪，我们的孩子就有可能会出现过度亲密行为而产生他们未知的对于自己的伤害。

话说到此，我想，作为老师、家长，我们在去面对孩子早恋的问题时，应该有识别的意识和能力，看看我们的孩子在这个情感发展过程中，到底在做什么，从而避免用力过度，或者用力点不当。

我究竟该怎样面对他/她呢

由于异性交往带来的情绪起伏也就往往会引起一些行为上的"异样"——具体表现为拒绝、侵犯或过分关心异性等。简单概括来说，可以帮助孩子树立一个"悦纳自己的不足，欣赏对方的长处"的最基础的观念。

有一种平衡的心境是很关键的，产生心理不协调或是不平衡的原因概括起来就是源于认知的不协调，不是把对方想得过于完美就是过于差劲，对自己的要求也是，全肯定或者全否定，极端就会带来情绪天平的倾斜摇晃，因此一定要把握住一种平衡。在与异性交往中能够不卑不亢、自如而快乐。

对于孩子的异性交往，家长不能回避、压制或是放任，取而代之的应该是理性地分析和积极地疏导，让自己的孩子能够在交往中体验到自信和快乐的青春旋律。

性，如何开口

导读：就算是美国父母也很难开口对孩子谈性。万事开头难。

刘女士想不到，只需要五分钟的交流，就能让女儿有这么大的变化。

刘女士的女儿刚升上初中，一直是大家眼中的模范好孩子，学习好，性格好。可是刘女士发现女儿有了一些奇怪的行为：每当电视中播放卫生巾广告时，女儿就会表现得很紧张，浑身不自在。看来女儿是进入了青春期，刘女士意识到了这一点，但是却并没有做出什么行动。接下来女儿的紧张情绪越来越严重，让刘女士感到无法理解了，便带着女儿来看心理咨询师。没想到，五分钟后，女儿便神采飞扬地从咨询室里走了出来。原来，刘女士的女儿只是不明白为什么广告中要用蓝色的液体，于是担心自己是不是有什么问题，为此而感到紧张。

这是一个多么小的问题，一个不是问题的问题，却因为我们父母不敢开口和孩子谈性，希望孩子能"自然而然"地自己理解，而让孩子白白承受了精神上的压力。

在青春期，也就是从十一二岁开始到十四五岁这段时期，孩子们会处在一个无论是身体还是心理都飞速发展的阶段。相对于心理的发展与成熟来说，身体的迅速发育并逐渐成熟会给他们带来更多的特殊困惑与矛盾。因为身体上的不断变化，特别是性器官的快速成熟发育——对女孩来说就是月经初潮初次降临，对男孩来说是遗精的首次造访。虽然由于遗传、营养、运动、生活条件和气候环境等的影响，青春期变化到来的具体时间不尽相同，但作为父母来说，这个时候的关怀陪伴、理解支持与开导对孩子顺利度过这一阶段是有很大意义的。

那么，应该怎样开始这个话题呢？

迈过心中的坎

追本溯源的话，其实早在孩子还小的时候，父母对他们就已经有了最早的性的启蒙。还记得在生活中最常见最容易听到的父母与孩子之间的对话吗？——"妈妈，我是从哪里来的啊？""垃圾堆里捡来的啊。""从天上掉下来的。""从我买菜时买的一棵大白菜心里面钻出来的。"……五花八门的答案却几乎都不包含最真实的情况。

也许是不知道该怎么跟孩子解释精子与卵子的相互结合，也许是担心孩子会问得更多，会产生一些令人尴尬的话题。但无论背后的原因是什么，在小时候很容易就"蒙混过关"的问题到了青春期的孩子身上就不会变得这么容易了。因为不管拖延还是逃避多久，作为父母都不得不开始正视这些与性相关的问题了。因为即便你不去面对，孩子也会因为好奇从其他渠道得到很多资讯，而这些渠道是否传递的都是健康积极的信息我们就无法控制了。不过虽然当下生活的时代和社会已经十分开放开明，但中国文化中的传统与保守在成年人心中还是根深蒂固的。家长自以为是开明的家长，但是还会潜移默化地用传统的概念去衡量、评价自己身边与性有关的想法。

奇奇是一个高三男孩，一位女同学向他表达了好感，这个大男孩虽然也对这个女孩子有很多好感，但是他却用了极端的方式回绝了人家。他把女孩表达情感的短信展示给了老师，那个女孩因此被请家长，再加上同学笑话，差点自杀。当心理干预介入之后，我问奇奇为什么会用这样的方式处理这个事情，他说只有这样做才会让妈妈觉得自己很有决心不早恋。我问他妈妈是和他交流过很反对早恋的事情吗？奇奇说，没有直接交流，但是每次电视电影当中有这类情节的时候，妈妈不是说轻浮、没家教，就是说真不害臊、恶心之类的话。

奇奇妈妈没有给孩子任何关于情感限制明确的表述，但是在日常生活中，妈妈的情感价值观被孩子敏感地捕捉到，孩子就会因此而恐惧，害怕自己也成为妈妈评价中那样的孩子。

其实奇奇妈妈和我说，她还真不觉得自己的儿子有异性朋友会有什么不恰当的。她对于儿子采取的这样的处理方式并不认为特别恰当，尤其对于儿子拒绝的动机更是觉得诧异。

所以一开始最重要的是要打破这道在父母心中的坚固堡垒。万事开头难，冰冻三尺也绝非一日之寒，要做好这样的心理准备是不容易的。往往很多时候父母以为自己已经做好了这样的准备，但实则不然。因为潜意识里总以为自己在不断去寻找一种最好的方式去跟孩子开口谈性，担心方式不当会对孩子造成不好的影响或是让孩子产生什么障碍，但实质上却从未意识到我们真正害怕的不是对孩子有不好的引导和教育，而是自己的内心迟迟不肯接受要和孩子探讨性这样一个有些"禁忌"的话题。甚至，有些家长自己对性的知识了解也并不算多，这样就更不知道该如何跟孩子开口了。很多家长都说："希望孩子自己能自然而然地理解这件事。"因此有意无意地回避这个话题。可是，孩子真的能自然而然地理解吗？或许已经成年的我们感到自己年轻时的经历还算平稳、不荒唐，但是每个人都是不一样的，我们能保证自己的孩子也能"自然而然"地度过，不做出荒唐的、后悔的事情吗？

因此，即便不易，为人父母的我们也需要不断提醒自己：孩子正在逐渐成熟、长大，他们正在接触和面临这方面的困惑与选择。作为最亲密的父母，肯定是这个时候为孩子点亮一盏明灯的不二人选。一旦做家长的真正迈过了这个心里的坎之后，也就算是真正打开了能与孩子敞开心扉谈性的这扇大门。

"谈性"的技巧

真的打开了这扇门之后应该怎么谈呢？这之后的环节需要一些技巧，要开始这个话题是有一定难度的，因为不能显得突兀，也不能够过于隐晦。

如果一开始觉得和孩子谈论这个问题会有一些尴尬的话，就尝试循序渐进吧。

首先，有一个良好的契机是必要的条件。比如，当我们和孩子一起看一部电视剧的时候，又一次遇到了一些亲密的镜头。如果是平时，我们总会找办法来避过这种场景，现在我们应当意识到这其实就是一个很好的契机，可以趁此和孩子开始聊他是怎样看待爱情，怎样看待两个异性之间一些亲密的身体接触。但如果我们没有这样与孩子一起看电视的习惯，就尝试一些别的吧。像是在接送孩子上学放学的路上、与孩子共同出门的时候，总会有谈论到他身边朋友的时候，总会在街上看到一些学生情侣，这时候你不妨就小小"八卦"一下，从侧面先了解一下自己家的孩子到底对待异性间亲密关系有什么看法与态度。

这些聊天可能都并不会直接涉及性，但其实父母是清楚的，至少对于孩子来说，大多数与性有关的行为都是来自于对于异性的喜爱和好奇，因而先了解他对亲密关系是怎样的看法，就是很基础也很必要的一个步骤了。

当然，也还有一些比较婉转的方法，比如有关的纪录片就是一个很好的方式。特别是一些来自国外知名媒体的纪录片，它们会有对于人类生命的繁衍与连续、有关性的一些常识和源起等很多方面的内容。这样的资料方便可得，而且难得的是这些纪录片对于每一个主题都有着非常科学与形象的解释，又不会有超过界限的画面。所以如果你是一个不善于言辞的父母，不妨尝试一下利用这样的资源来帮助自己教育孩子吧。

其实谈性也并不是那么难以启齿，调整好心态后，我们也可以借鉴其他国家的做法。比如对于英国的孩子，他们的国家发给孩子们一本小册子，叫作《性与恋爱关系》，上面详细地记录与描绘解释了青春期孩子会面临的多数与性有关的困惑和需要学习的知识。虽然现在国内没有这样的小册子批量发给孩子，但是如果你是一个十分有心的家长，也不妨尝试自己DIY一本这样温馨可爱的小册子，上面可以有你独特的印记，或许除了一些基础的常识之外，你还可以加一些自己的经历与体验。最后这样一本世界独一无二的青春期性教育指南一定会是送给孩子青春期的最佳礼物。

当然，这并不是所有家长都能够做的事情，市面上有许多与此相关的书籍或者画册，你需要的只是走进书店，精心为自己的孩子挑选一本最适合他的就可以了。

当运用了所有智慧终于开始了和孩子谈性的话题之后，还需要注意的一点就是不要谈着谈着就不知不觉地跑题了。

这并不是指传统意义上的跑题，这里的跑题指的是不要用一些传统、自我的态度和观点，试图取代孩子的想法与好奇。

其实我们的孩子这个时候已经不是一张白纸了，他们一定早就通过朋友间的交流、网络和报纸等一些途径对于性形成了一些自己的看法和观念。有的父母很可能并不能认同，但是千万不要粗暴地打断或是批评，至少每个人都有拥有自己看法的权利吧，即便是父母也无权去干涉。

让我们简单总结一下和孩子谈性的几个基本原则：

（1）抓住时机，善用时机；

（2）简单直接，不要神神秘秘、遮遮掩掩；

（3）轻松自如，不要正经八百；

（4）更新观念，与时俱进；

（5）当孩子不想继续这个话题的时候，尊重孩子，不强求，寻找更恰当的时机。

切忌给孩子灌输性是邪恶、肮脏和下流无耻的观点

当一个妈妈发现自己上高中的儿子居然经常浏览色情网站时，她气得快要晕过去了。这位妈妈对儿子进行了严厉的批评教育，气急之下她说儿子这种行为太下流，太肮脏了；并限制了儿子使用电脑的时间和权利，如果儿子需要用电脑必须在父母的监视下使用。

你永远也想不到这样的观念可能会给孩子以后的成长与生活带来多么毁灭性的影响。

这个时候，智慧的父母知道严密看管孩子可能会适得其反，让孩子想办法从其他渠道去获得满足。我们应当搞清楚孩子为什么想看，以及告诉孩子应当对性有什么样的态度，应该如何保护好自己。也许我们可以把自己的态度告知他，让他可以作为参考（千万不要小看自己作为父母的态度对于孩子的影响，只是大多数时候这种影响都不会表现在表面上而已）。而对于女孩子来说，这个社会上的人并不都是和蔼可亲的善良人，我们要教会孩子身体的哪些部位是需要自己特别去呵护的，哪些方法可以在遇到危险的时候使用出来，或者是学会怎样在一开始就尽量避免给自己带来不必要的麻烦等。我们要确保自己的孩子能够明白，自己的身体是十分珍贵的，性也是一件和爱同样神圣的事情，不是轻易就

能发生或是用来作为低级娱乐和消遣的产品。

　　性，由一个心和一个生组成。它必然是人的一生中都要用心去经历体验的重要环节。青春是人一生中最美好的年华，或许性的诱惑在这个年华也显得格外美好和难以抵御，而我们做父母的，则有责任在这美好的年华保护好自己的孩子，所以不管再难都要开口与孩子谈这个话题。而在交谈之中，也绝对不要忘记，最重要的是要让孩子学会保护与珍惜自己，这样才能在未来拥有健康与幸福。

　　让性成为来自爱的天使，而不是来自黑暗的恶魔。

正确认识手淫

导读：家长首先端正对手淫的态度，也给孩子端正的态度。

　　张数是一名初二的学生。一次偶然的机会，张数在网络上接触到了黄色小说。看到小说的内容，张数觉得很紧张、很兴奋。于是就开始偷偷地尝试自慰。渐渐地这成为张数的一个小秘密，每天晚上写完作业，张数都要自慰。有一天，张数又在网上看到了一些和性有关系的广告，上面的一句话深深地印在张数的脑海中："你手淫过多、射精过快吗？"……张数知道射精快是不好的，他开始担心自己是不是手淫过多了，会不会影响自己的性能力了，以后怎么恋爱结婚呀？要是让女朋友看不起怎么办？可是这样一想张数更紧张了，一紧张就想通过自慰来发泄，发泄后，短暂的欢愉过去，后悔、内疚又更强烈地袭来。张数觉得很痛苦，主动要求父母带他来看心理咨询师。

　　其实在张数看到那个广告前，只要他的自慰行为不影响他平时的生活和学习，他的自慰都是健康的、正常的，不需要我们特别注意或者管教。但是自从看了那个广告，张数的状态就变了，陷入了焦虑，对未来担心。如果长期下去，张数就会对未来性生活产生恐惧（害怕自己做不好），但是又养成了自慰的习惯，那很可能一辈子只能通过自慰来获得性快感，而不能通过正常的性生活来获得快感——也就是我们通常说的性变态。

人在性活动上面的心理是最脆弱、最容易受到影响的。以前网络上曾经盛传"虐猫"视频，为什么会有人那么残忍，看到小动物被摧残反而会让他们性兴奋呢？一般这种人都是在幼年或青春期时受到了刺激才会这么"变态"的。比如有的孩子从小被父母打骂、虐待。偶然有一次父母的打骂和性唤起联系到了一起，从此这个孩子就变成了喜欢虐待别人或者喜欢被别人虐待的性变态。性变态指的是对性的兴趣和活动偏离了常态，这种人通常只能通过一种特定的形式来获得性满足，而不是像普通人那样主要依靠两性关系来获得性满足。

发现孩子手淫怎么办

自慰也是性活动，一旦走向偏差也是很容易影响孩子一生的。有人说自慰次数太多对人身体不好，其实这也是因人而异的。有人身体好，次数多也没关系；有人身体弱，次数一多就难受。这些都没有定数，没有必要让孩子因此背上包袱。而且自慰也并不只是男孩子的专利，女孩子一样会自慰、一样可以自慰。

说到这里大家肯定就明白了，对于孩子自慰，我们需要做的是告诉孩子怎样才是健康的、正确的，而没有必要很着急地去问"孩子手淫了怎么办？"。

因为这是再自然不过的事情了。

如果是不小心发现孩子手淫，我们完全可以不动声色。然后注意观察一下孩子的平时学习生活。如果孩子的学习生活一切正常，我们就可以不用在意这件事。当然，如前所说，这个时候我们应该开口和孩子谈性了。谈性的时候就可以谈到自慰这件事，与孩子一起探讨健康的性理念。如果发现孩子平时的学习生活受到了影响，例如，手淫过多、手淫产生了心理负担等等，那一定要找机会和孩子好好谈一谈。

如果是直接撞到孩子手淫，那么这场景是有点尴尬了。可是好处是：这便直接产生了一个和孩子谈性的好时机。我们也不需要私下观察了，直接就可以了解到孩子为什么会自慰，直接就可以跟孩子讨论健康的手淫观念。但此时更需要父母控制自己慌乱尴尬的情绪，淡定地面对孩子，从容地和孩子进行探讨。因为此时你的情绪流露出的内心评价会比你说出来的让孩子更信任。

手淫的危害有哪些

自慰本身并不是什么大问题，问题都出在人们对它的认识上，也就是说，手淫的危害来自于对人心理上的负担。

孩子如果频繁自慰，原因在于快感和罪恶感的双重作用。如果仅仅是快感，体会几次也就罢了。但是因为这件事是被禁止的，显得很神秘，一旦做了还带有罪恶感，于是就变成了甜蜜的禁果，让孩子忍不住一再尝试，觉得"太爽了"。

　　自慰过于频繁（超出孩子身体或心理的负荷），必定对孩子的学习生活造成影响。例如，有的孩子觉得偷偷手淫很刺激，就偷偷尽量快地进行，结果还容易导致形成射精过快的毛病，影响以后的夫妻生活。而有的孩子虽然手淫次数很多，但是完全当做释放压力，心理上没有负担，身体上也没有不适，对其学习生活就不会造成什么影响。

　　目前人们对手淫存在很多的误区："手淫会造成失明、秃顶、粉刺和脱发等身体异常"；"手淫会影响发育"；"手淫会影响性功能和生育能力"；"手淫会使身体丢失大量营养成分"。研究证实，上述误区多属无稽之谈，手淫还有很多益处：

　　　　可缓解经期痉挛。

　　　　改善睡眠（因心烦失眠时）。

　　　　刺激免疫系统，增强抵抗力。

　　　　缓解情绪，提高性激素分泌。

　　　　缓解青少年因自发性勃起造成的窘境。

　　　　减少青少年男性梦遗的次数。

　　　　获得更多的性高潮。

　　　　维护性健康及生殖健康。

我们可以告诉孩子：对于手淫，第一要有"正确认识"，第二要有"合理安排"，第三才能"快乐生活"。手淫本身不可怕，也不是罪过，是正常的生理现象。不要沉溺于其中，不使自己的身体感到疲劳，不过多地分散自己的注意力，不干扰自己正常的工作、学习和生活。当然，没有手淫的人我们也不鼓励手淫。

爱在前，性在后

导读：如何避免青春期的性行为？

多年前有一个案例在教育界和咨询界广为流传：一个性格、外貌、体育、才艺和学习成绩各方面都很优秀的女孩子，突然开始逃学。老师们都很奇怪，不知道女孩为什么会突然发生这么大的转变。班主任偷偷地"跟踪"了女孩，结果大吃一惊地发现女孩在和一个同样年纪的外校小混混谈恋爱，每天早上在学校附近坐上小混混的摩托车扬长而去。班主任把女孩叫来谈心，女孩很不屑地给了班主任一句："他一晚上能做七次。你让我和他分手，你哪儿给我再找一个这样的来？"

我想，任何一个有十四岁女儿的家长听到女儿说这句话，肯定瞬间就从头凉到脚。

爱让孩子远离性

这并不是需要道德家高举旗帜的时候。从女孩的话中，可以感到女孩在性知识方面的贫乏，更能感到女孩内心深处对爱和温暖的强烈渴望。一个刚步入青春期的少年人，为什么不能从父母的关爱、朋友的陪伴、学习和游戏的快乐中满足，还额外需要一个恋人的关注呢？那肯定是没有在前者中获得足够的快乐。

这个女孩的父母感情不好，经常争吵，更经常两人互相躲避，找各种理由不回家。女孩很要强也很独立，已经尽量把自己做好，但内心深处仍然渴望着被人视为"唯一"的关爱。女孩说："你们说他是小混混，可是他对我好。他喜欢我不因为我学习好，长得漂亮。只因为我是我。他只对我好。"

我们人生中的第一份这种无条件且专一的爱，正是母亲对孩子的爱。从理性的角度说，也应该是父亲对孩子的爱，尽管通常父亲对孩子的爱都是有条件的——"达到我的要求我才爱你"，但通常不代表合理。女孩没有从父母那里得到足够的爱，才会开始在外面寻求温暖，而且是寻求高度的关注和高浓度的感情，普通的友情都不足以满足她。当两人在一起后，女孩体验到了前所未有的"幸福感"，包括献身给男孩，并且在献身时获得满足感。女孩说，觉得自己真的被人需要，真的是个有用的人了……

国内外的统计都表示，越是家庭感情不和、父母犯罪率高，孩子也越容易早恋、滥交、犯罪。这里面的道理已经很明白：不是孩子"继承"了父母的基因，而是因为孩子在寒冷、沮丧、无力中自暴自弃。

因此，如果想让孩子远离性，首先家庭要充满关爱，家庭的气氛越温馨和睦，孩子从父母那里得到的关爱越多，就越不容易去轻易"早恋"。对爱的感受比较充分的孩子所谓的"早恋"更准确地说是在进行着自我性别角色认同塑造的过程。作为女性角色的女孩子，我是不是真的会得到别人的喜爱，而不是作为一个学习好的、乖巧的、漂亮的女学生获得别人的喜爱。这两点在大众心里貌似没有太大区别，但其实，这对于每一个人来说区别是很大的。一个是自己个体的魅力，一个是个体外在的魅力。

这类的"早恋"只要家长不过于慌乱，用强制、质疑的方式面对孩子，不激发起孩子青春期的逆反情绪，正确引导，善意关注，那么这样的情感关系不太会出现过度的、家长很恐惧的不恰当性行为。

而容易出现不恰当性行为的"早恋"所满足的不单纯是自己性别角色的塑造过程，而更多的是对于自己值不值得被爱、自己有没有爱、自己能不能获得尊重、自己有没有存在的价值等成长缺失进行补充。

爱的教育让孩子远离性

作为过来人，我们都知道能遇到"一辈子的真爱"是多么不容易。

小时候对异性懵懂的好感就不说了，高中那印象深刻的暗恋也禁不住细琢磨，就算是大学以后谈的恋爱，现在想来很多也不过是小孩过家家。很少有人是一次恋爱就成功的——我们每一次都以为这次是"最喜欢""最爱"，但很快就要面对残酷现实，直到遇到下一次"最喜欢""最爱"。无论拥有多高明的眼光，也总要交往一下才能看到对方的内心深处，才能知道两人到底是不是能走下去，还难免对方对你没有了化学反应，把你甩了。可是这些有关爱的"知识"，孩子们知道吗？

对于刚刚步入青春期的孩子来说，他们当然更不知道什么是真爱。

因此就需要我们提前给孩子做好这方面的教育工作。

　　阳莹初中的时候喜欢班里一个男生，因为他聪明、活泼、可爱。这一喜欢就是三年。那个时候，阳莹觉得喜欢是很严肃的事情，喜欢一个人就要保持一辈子才行。可是到了初三毕业的时候，阳莹突然发现自己好像喜欢上了另外一个也很优秀的男同学，对于自己的情感变化阳莹产生了很大的困惑。但也恰恰是这样一份摇摆不定的情感让阳莹没有真的开始任何真实的"恋爱"。上了大学以后，阳莹说，如果在初中的时候，就有人对自己说"我爱你"，假设就是她喜欢的那个男孩，并且那个男孩向她提出性的要求……那她真的不知道自己是不是能拒绝。如果真的发生了，想必是要后悔死的。虽然那是一份纯纯的喜欢，但远远算不上真正的爱。如果就这样将自己交出去了，今后再遇到自己真正爱的人时，该多么愧疚、后悔呢？

　　从阳莹的叙述中，我们可以发现：
　　（1）孩子在青春期的情感过程中不确定性会比较大，如果没有外力施压，反而不太容易进入实质恋爱阶段；
　　（2）精神和肉体的渴望，我们的孩子更趋向于前者，也就是说恋爱对于孩子精神愉悦感吸引力更大；
　　（3）女孩子通常处于被男孩要求发生性行为的角色上。
　　以上三点正好与我们对发生性行为的青少年调查中得来的结论一致。

青少年发生盲目的性行为，给女孩带来的不良后果还包括：女孩子通常会认为自己"再和谁发生关系也无所谓了"。

性的教育让孩子远离性

从某个角度来说，所有的初中生性行为都是盲目性行为。孩子们不知道这件事的意义，"无知者无畏"；孩子也并非真的有那么大的欲望，更多的是好奇、想要尝试。就像学抽烟一样，孩子们觉得这是大人做的事，所以"我做了就代表我是个大人"。

据调查，发生这种事情时，女孩往往是被男孩要求，不得已同意的。后继的行为也多由男孩提出。

因此，无论男孩女孩，我们都应着重教育他们性行为所带来的后果，让男孩更具有责任心，可以用道德感去束缚自己的行为；让女孩理解后果的严重性，更 懂得珍惜和保护自己。

如果孩子发生了性行为怎么办

通常，孩子发生性行为家长也不会知道，除非被当场撞破，或者女孩子怀孕去做人流。所以对于中学生的性行为，我们肯定需要花主要精力在"避免"上面。

那么一旦发生了、知道了，家长应该怎么办？

首先一定要冷静。

　　如果是男孩的家长，要好好想一想怎么和孩子谈，目的是防止孩子再去犯同样的错误，要找出孩子这次事件的原因，而不是因为这次事件责骂孩子。因为孩子如果发生这种事，肯定是我们的前期教育没有做好，或者有一些其他原因，有时候"好孩子"也会由于青春期的冲动在特定情况下犯错误。当事情已经发生后，再去责骂是没有意义的；能够借机教育孩子，让孩子把经历变成财富才是最重要的。

　　如果是女孩的家长，必须站在女孩的立场上，从关心、照顾的角度去和孩子攀谈。发生了这样的事情，多数女孩都并非心甘情愿、兴高采烈的，心里其实都在后悔和害怕。如果这时候家长站在孩子的角度去替孩子着想，那才是孩子需要的，也会让孩子温暖和感动，让孩子觉得父母是爱自己的，这之后家长说的话孩子才听得进去。

　　这种事情，是能够让父母和孩子更亲密的契机；处理不好，则变成父母和孩子间一辈子的沟壑。

　　无论如何，当孩子拥有家人和朋友的关爱，拥有健康的爱情观，就更能谨慎地对待性。

　　有意义的性不会乱来。

"练爱"的季节

导读：当孩子的周围到处都是情侣时，怎么办？

恋爱还用教吗

曾经有一位心理学老师说："恋爱不是教出来的，是看会的，是练熟的。"

这是老师在讲完几个有关恋爱烦恼的案例后忍不住发出的感慨。看着老师带着别有深意的笑容说出这些话，我想：他一定是一个智商不低情商也正常的人（要知道很多人高智商却情商低），使他能够自信地面对恋爱这件事。而且他一定生长在一个温馨和谐的家庭，让他从小就知道如何正确有效地去爱别人、去表达爱、去收获爱。

可是很多人并没有那么幸运：在扭曲的家庭中长大、上一辈就不幸福或者不懂爱；或者上一辈就是在错误的模式下长大，从来不知道什么是正确的，更别提给孩子什么指导。

有一个年轻的女孩向我求助："我和男朋友在一起快一年了，他对我特别好，太好了。比如，堵车了，我回家比平时晚一点儿，他就很关心地问我在哪里、和什么人在一起。一开始我还挺高兴的，后来发现我就算晚了五分钟到家，他也要这样查问我一遍。为什么知道我几点到家？因为我一下班他就给我打电话，每天要打好几个电话问我在哪干吗？如果两人在一起，不管是什么短信电话，他也都要看……"

在进一步的咨询中，了解到那个男孩的妈妈就是一个"控制狂"。男孩的妈妈对男孩的一切都进行追踪，从小如此，对男孩进行全方位无死角的"关心"。所以男孩认为这就是爱的表现，也将这种爱用在了自己的女朋友身上。

像这种"控制狂"的案例，原因并不只有上面一种。比如，有的控制狂是因为内心缺乏安全感，害怕不确定性，需要获得确定性而去控制；有的控制狂是因为自卑，认为别人随时都想抛弃自己。

孩子就像一面镜子，反映出家的影子。孩子从爸爸妈妈的形象上得到男性和女性的印象；孩子从与爸爸妈妈的互动中学习到怎样与别人相处；所有的第一次都发生在父母与孩子之间，然后孩子再将与父母的互动模式扩展延伸到其他关系上去。

就像这种扭曲的爱会传递一样。正能量也会通过家庭进行代代相传。如果一个家庭是有爱的，那么孩子也自然就会爱，孩子的孩子也会爱……这样的家族，恋爱不用教。

当然，中学时期孩子们萌发的那些感情还远远算不上"恋爱"。我们不去阻止孩子喜欢异性，但也不代表鼓励他们去谈恋爱。我们需要做的是帮助孩子认识自己，帮助孩子平衡荷尔蒙冲动与学习的关系。

中学时期，孩子们对异性感兴趣，开始产生朦胧的好感。但是他们并不知道这些感觉是什么。经常能听到家长与孩子间的对话是这样的：

"我喜欢她！就是喜欢她。你不明白那种感觉。"

"你怎么能确定你真的喜欢她，那可能只是一时的冲动。"

"不！你根本不理解我！"

……

其实我们都是过来人，我们怎么可能不理解孩子的那些"初级情感"？但是孩子他们是第一次有这些感觉，所以他们无法理解我们。而只有让孩子去经历了，他们才会知道自己对异性的那些感觉，到底怎样是冲动，怎样是好感，怎样是友情，怎样是爱情。

爱情并不是那么简单。

当代心理学对爱情方面的研究已经有了不少进展。狭义的爱情，也就是男女之间的爱情，是一种激情。什么叫激情？一种短暂、强烈的感情。也就是说爱情本来就不是地老天荒。爱情（激情）是会逝去的，留下的是亲密与承诺。

试问有多少文学作品、影视作品会告诉你这一点呢？没有。

孩子们从这些东西里能学到什么样的爱情观呢？浪漫主义。

对孩子的恋爱有好处吗？极少。

需要我们怎么办呢？需要我们从生活中教育孩子，给孩子一双可以明晰判断的眼睛：看清自己是什么样的人，适合什么样的人；看清对方是什么样的人，是不是可以适合自己；看清自己想要的生活是什么样的，和对方在一起能不能达到自己想要的状态。

平时多和孩子聊一聊这些方面的话题，让孩子的爱情观成熟起来，孩子就不会轻易地认为自己爱上了某个人，能够分清好感、冲动、喜欢，不会非要和某个人一起谈恋爱。我们可以多和孩子用轻松的语气聊他们的异性好友，潜移默化地让他们感受到我们可以如何欣赏和评价异性，而每个异性都有自己的优点……也就是说，巧妙地让孩子广泛地与异性同学交往，而不是只与少数、专一的异性来往。因为青春期的孩子荷尔蒙分泌旺盛，也容易冲动，如果长期、频繁、专一地和某个异性接触，必然就会产生不一样的感情。如果孩子广泛交友，平时的课余时间非常分散，就不容易产生这种情况。

那么，如果孩子已经真的喜欢上什么人了怎么办呢？和处理性问题有点类似，我们仍然要站到孩子的立场去表示理解和支持：理解的是孩子现在的心情，支持是帮助孩子分忧。行动上则可以多带孩子出去活动，帮助孩子转移注意力。就像我们说过很多遍的，这个时候的孩子逆反心理本来就强，如果我们再强硬地去禁止和反对，反而会让孩子的感情燃烧得更炽烈。而支持、淡化处理反而是明智的方法。就像幼年时期孩子有时候会突然淘气一段时间，然后又乖巧一段时间一样；这青春期的"爱情"也常常会悄悄地自生自灭。

如果孩子在高三这种关键的时候恋爱怎么办？

我们可以告诉孩子：如果你真的爱一个人，就会心甘情愿为了这个人付出、放弃自己的利益。如果你真的爱对方，就应该忍住自己想要和对方快活一时的念头，不打扰对方高考，在高考过后再来考虑这个问题。如果你做不到，那说明你也不是爱对方的，就什么也别说了吧。

如果孩子在没有任何先兆的情况下，在高三突然对两性情感感兴趣，家长不妨也考虑一下是不是孩子的高考压力过大，导致自己内心力量不充分，才会期待从美妙的"爱情"当中获得不自信的补充。

失恋这件"小事"

导读："我喜欢的人不喜欢我。"当孩子陷入低潮，我们应当如何安慰孩子？

李女士一直反对孩子早恋，但儿子正处叛逆期，性格又固执，她知道儿子不会听话地和那个女孩分手，很是头疼，但就在她为儿子的早恋发愁时，儿子失恋了。李女士很高兴，同时又很烦恼，看着儿子消沉的样子，她不知如何是好，她也担心过一段时间后儿子又会有新的恋情。

青涩的果实

无论对于谁来说，花季都无疑是一段最美丽娇柔的青春时光，肆意欢歌笑语，尽情为青春狂欢舞蹈，敢爱敢恨，无惧无悔……伴随明媚的花季而来的雨季，有时像淅淅沥沥的小雨阴柔绵长，有时像狂风大作，暴雨倾盆，这就正像是青春时期的爱情，美好而脆弱。

都说爱情是世间最为甜蜜而复杂的情感，对于青春期的孩子，情感娇艳的花苞也已开始渐渐绽开，那么，如果孩子"失恋"了，变得情绪低落、对学习和生活都兴味索然，作为家长，我们该怎么办呢？

的确，与成人世界中的感情相比，青春期的爱还是略显青涩而脆弱了。并且在这个时候大多数孩子都处在自己最为美好的初恋当中，因而这个时候我们更容易发现，一旦失恋，对于孩子来说往往会是措手不及的，产生的打击和影响是很大的，处在身心都巨大变化时期的孩子，遭遇失恋很容易引起心理危机，严重情况下甚至可能会出现抑郁或是自杀的现象。因此，作为父母来说，这个时候有效的陪伴和帮助孩子尽快走出低谷，以后能继续积极面对生活，有一个阳光健康的心态是至关重要的。

同时，这个时候也是对孩子进行爱的教育的好契机。好比李女士担心儿子以后还会恋爱、失恋，会影响到儿子的身心状态与学业，但实际上，如果儿子这次失恋李女士能够抓住时机，好好和儿子聊一聊，让儿子意识到在这个年龄段发生的情感具有多变性、不确定性是常见的一种状态，因为每一个孩子在成长的过程当中都在逐渐地认识自己，当自己对于自己认识更全面一些，我们对于自己的情感对象的标准要求也就会更加全面一些，那么到了那个时候，曾经你喜欢的对象，或许就因为标准的变化进而产生情感变化。所以，更快地塑造自己，发现自己，才能更准确地找到最适合自己的稳定的情感关系。这样的疏导会让孩子将注意力逐渐地转移到自己的建设上，那么李女士的那些担心不就不必要了吗？而且，这也是李女士与"固执"的儿子重修亲子关系的好时机。

抚平孩子的创伤

所以，失恋虽然只是孩子一生中的一件"小事"，但是却是一件十分关键的"小事"，特别是青春期的孩子往往会在生活中面临着升学等一系列学习上的压力，我们不知道那件事情的压力会不会成为压死骆驼的最后一根稻草，因而作为家长，不能仅仅因为孩子的年纪小而轻视或者否定她/他们的情感。

那么，既不能轻视孩子失恋的问题，也不能将其作为一个过于声势浩大的事情来对待，究竟怎样才是一种合理的办法呢？

为了帮助孩子学会自我调节，达到一个新的心理平衡，我们可以从下面几个方面来对孩子进行陪伴和帮助：

1. 积极转移

当发现孩子有失恋的烦恼和问题时，作为家长也许在第一时间并不能通过交谈或者其他方式得到有效的具体信息，因为这种时候孩子可能也不愿意过多暴露自己的伤痛，家长就不要过多地去苛求或者刨根问底，因为此时的过多追问可能是无用功或者无效的。那么，积极地转移注意力在这个时候就成了一种很有效的方式。

什么是积极转移呢？简而言之，就是有建设性地填充孩子的时间。

每一个孩子都有自己的兴趣爱好所在，作为家长应当是熟悉孩子的这些习惯的，这个时候，在孩子的课余时间，父母可以和孩子商量着是否愿意进行一些户外活动，比如郊游、户外烧烤或是游乐场等都是很好的选择。环境氛围良好并且轻松开阔的地方能很好地帮孩子转移失恋的注意力，同时与大自然的接触和适当的锻炼也有助于促进大脑内多巴胺的分泌（多巴胺通俗来讲是人的大脑的"奖赏中心"，因此多巴胺的分泌有助于提升人的幸福和开心感）。

这时候有的父母可能会说："那如果这个时候我的孩子正要参加高考，正是学习最为繁忙的时候，周末都会补课，没有时间带孩子出去散心怎么办呢？"不用担心，积极地转移注意力也并不需要完全百分之百的在户外，在室内也是同样可以有效地调节。比如一次小型家庭KTV，众所周知，唱歌具有抚慰心灵的巨大能量，在心理学应用中也有专门相关的音乐疗法。同时已有相关研究发现，唱歌的时候，人会分泌一种叫作催产素的激素，它能有效缓解人的压力，增加人体内组织的供氧量，帮助人舒缓情绪。

除此之外，在有条件的情况下，还是建议家长最好能和孩子一起做一些运动，比较方便易行的如打羽毛球、乒乓球或者是游泳等等都是一种最佳的情绪调节剂。

或者阅读一些轻松的绘本或是愉快的散文等也是可行的方式。但这个时候也要注意尽量避免一些比较敏感的或是多愁善感的有关情感题材的影视或是文学作品，因为这样有可能会让孩子更加"睹物思人"了。

而如果你的孩子不是一个特别喜欢与爸爸妈妈在一起活动或者交流的话，你可以在侧面建议她/他多与身边的朋友交流。比方说主动邀请一些朋友到家里来做客也是可行的。男孩子与好友一起打打球、适当玩玩游戏；女孩儿与闺蜜们一起逛逛街、聊聊八卦等都是有益的。同时鼓

励和支持孩子多参加学校的自己感兴趣的一些小组或者社团也都是一些
有效且积极的方法和行为。

2. 适当地自我暴露

虽然有了一些有效积极的注意转移，但其实只是在孩子最难过的时
候帮助孩子度过了或者有效地忽略了问题，但忽略并不能够从根本上解
决问题。

在心理学上，我们可以把人的情感比作一个开放或者是关闭的系
统。习惯关闭自己情感闸门的人往往会比较痛苦，因为他们的行为可能
会将自己与自己的社会支持系统相隔离开来。而适当的自我暴露，也就
是能够宣泄出自己的一些情感和不愉快，则会很有效地帮助到孩子减少
痛苦。

这个时候如果家长能够善意而温柔地倾听自己孩子的一些宣泄是对
孩子的心理疏导很有效的。

家长不要总是埋怨孩子不愿意跟自己说心里话，因为有的时候可
能孩子正想要告诉你，希望从你那里得到帮助的时候，你却因为手中正
在通话的手机、厨房里没有做完的事或是手头正在处理的工作而忽略或
是拒绝了他们。而当倾诉的大门一旦关上，想要再次叩开也就绝非易事
了。所以，引导孩子适当地暴露自己的伤心之处，帮助他们疏通情感的
水渠是非常重要的一个环节。而作为一个在感情上有经验的长者，正是
年幼的孩子所需要的一个正确的建议者和指导者。父母辈的经验和感情
价值观也许并不能完全和孩子现在的感情价值观相匹配或是有所交集，

但是通过自己的经历来引导孩子的适当自我暴露是一种很有效的帮助，并能增进亲子间感情的方法。

3. 良好的应对风格

每个孩子都有不同的应对问题的风格。在面临问题的时候，有的孩子选择逃避，有的选择面对，这都是每一个人从小就养成的习惯或者偏爱，作为父母不能用自己的价值观去评论是非。所以，家长所能做的可能更多的不是去干预孩子的应对风格或者方式，而是引导和教育。

消极的应对策略（如忽视、逃避、幻想、合理化）可能在短期内是效果最为明显的，但是在长期来看，积极的应对方式更加有利于成熟和成长，因而多给孩子一些积极的信息，鼓励他们学会去面对困难和解决困难，不要总是做遇到危险就把头埋在沙子中的鸵鸟。

4. 将失恋"升华"

帮助孩子将精力转移到运动、学习上去。当人情绪不好时，往往专注力会变强，做事效率更高。当孩子在这些地方获得一些成果时，其成就感也会舒缓失恋的郁闷心情。我们可以通过和孩子谈心、讲故事、看电影让孩子了解一些道理，例如优秀的人自然会博得他人的喜爱，将自己成长起来才有资格获得他人的爱，才有能力去爱别人，等等。

当然，所有的帮助和陪伴的前提都是家长要了解孩子。如果从一开始父母连孩子发生了、经历了什么样的事情都不知道，那么一切也都是徒劳。所以从根本上来说，首先要求的是父母与孩子要有一个良好的关系，而这个良好的关系是需要长时间的累积建立的。作为家长学会和孩子沟通的技巧是很必要的，要做孩子的朋友而不是只会评论、判断、命令的父母。

有的话孩子可能更愿意与身边的朋友分享，虽然父母做不到也替代不了孩子的朋友，但是家的温暖和帮助也是孩子所需要的一个重要社会支持系统。在社会支持系统中，家长和朋友都很重要而不可或缺，无法互相取代也没有孰重孰轻。在家庭中受到的影响是孩子成长和发展中至关重要的一环。如果父母们能够用心为孩子营造一个温暖和谐的家庭氛围，失恋就真正是一件不再会伤害到孩子心灵的"小事"了。

还有一个问题需要家长关注的就是——时间。每一个人的情绪起落都需要时间，我们成年人在面对情感转变的时候，会有时间周期，不会昨天难过绝望，今天就立刻神采飞扬。同样，我们的孩子也需要时间来调整自己的情感、情绪，给孩子的悲伤一些尊重，给孩子的悲伤一些时间，这个阶段，家长的耐心、信心、爱心的陪伴对于孩子尽快走出情绪低谷有很大帮助。

第四章

青春期的叛逆，不需要理由吗

网络的大网

导读：如何预防孩子沉迷网络及游戏？一旦发生了该怎么办？

某地区邀请著名的心理学家给网瘾孩子做一天的讲座，当时到场的除了孩子们还有家长，或者说，是家长们"押送着"孩子们到来的。心理学家一看，吓一跳：底下密密麻麻坐着一群小胖子。这些孩子们天天坐在电脑前不运动，一个个戴着高度眼镜，身材肥胖，不修边幅。身边陪伴的家长也一脸憔悴和疲倦。讲座刚进行到一半，休息时间家长们就把专家们都围起来了，异口同声地问道："怎么还不见奏效？"专家哭笑不得："你儿子的网瘾形成有十年了吗？那么这半天的演讲就能把他改头换面吗？"

伴随着互联网技术的迅猛发展，为我们的生活带来了巨大的变革，网络也正在不知不觉中渗透到我们日常生活的方方面面。它以其丰富多彩的特点对人们的生活方式、心理行为等产生了十分深刻的影响。

网络在为我们的生活带来无数便利和广博的信息同时，它也像是一张无形的大网，悄悄撒在了青少年群体当中：对于正处在身心发展中的青少年来说，这一阶段正是他们具有最旺盛的求知欲、最强烈的好奇心、喜欢追求时尚、自我控制能力弱、尚未形成成熟稳定的人生观与价值观的时段，所以在生活中出现了越来越多的孩子对网络产生了行为和心理上的依赖现象：他们很难以节制自己对于网络的使用，有的甚至达到了成瘾的程度。网络成瘾和其他成瘾比如吸烟、酗酒、赌博甚至吸毒一样，严重的会很大程度上影响到孩子们的正常学习生活和他们的身体健康。

中科院心理研究所曾在全国13所高校进行了一项有关青少年网络成瘾的调查，得到的结果证实：现在青少年的网络成瘾问题变得日趋严峻，中断学业的大学生中有近80%都是因为网络成瘾。不仅是在大学当中，初高中在读学生中因为"网瘾"而成绩不达标的学生也比比皆是。因此，对于家长来说，无论自己的孩子是否存在着这方面的问题，都肩负着预防这样问题的出现或是帮助已经有这样问题的孩子的责任。

网络成瘾的根源

其实所谓的"网瘾"一词是源于美国心理学家格登博格对于因为过度使用互联网而导致个体出现明显的社会和心理损害现象的定义——"网络成瘾症"或"病态网络使用"。此外，也有学者称此种现象为"网络过度使用""网络行为依赖"等。其实对于此类现象的各种定义都反映了有很大一部分人由于过度使用互联网而导致个体出现明显的社会、心理损害现象。虽然所用的名称不同，但其内涵却基本相同。

随后美国匹兹堡大学的金伯利·扬博士又对这一概念进行了发展与

完善。比较有意思的是扬在1997年根据自己的研究提出的关于网络成瘾的ACE模型，即包括网络环境个体身份的匿名性（Anonymity）、活动内容的控制性（Control）、网络内容的兴奋性（Excitement）。他认为一个人只有在ACE三者统一的情况下才具备产生"网络成瘾症"的可能性和条件。当时他的研究发现，吸引依赖者上网的主要原因是匿名性，占了86%的被调查人群，其次是易进入性、安全性和便捷性，各分别占有相当的比例。这些数据在一定程度上证实了ACE假说。

看到这里有的家长可能开始质疑，会觉得自己的孩子可能并没有网络"成瘾"这么严重的问题，但是请仔细观察，你还是会发现，孩子每天使用网络的时间绝大部分都是大大超标的。比如：在生活中你的孩子有没有一上网整个人的精神状态都变好的情况？有没有一整天都不能上网之后就变得焦躁不安，情绪起伏巨大？有没有每一次都跟你商量好只打开半个小时的电脑，最后却在玩了几个小时之后还需要你强行把他从电脑前拉离？有没有总是愿意花费大量时间在与互联网有关的活动上，比如网游、看动漫、聊天等，而不愿意出门散步或是与同龄人一起玩耍？相信大部分家长的答案都是肯定的。所以，了解网络这张大网里究竟是什么吸引了孩子，到底如何才能够帮助孩子挣脱这张大网，对于每一个家庭来说，都是一个非常实际的课题。

首先你要清楚自己的孩子究竟是对网络的哪一个方面成瘾或是哪个因素让他控制不住要过度使用或是依赖网络，从而争取做到"对症下药"。

是网络关系成瘾（聊天、社交）、网络强迫行为成瘾（购物）、信息收集成瘾（浏览网页）、电子计算机成瘾（编程、制图），还是对网络上的性成瘾（色情）？而除了这些来自于网络本身的原因，还有很大一部分问题是出在孩子自己性格本身上面：那些具有孤独感、缺乏社会支持、爱与归属感没有得到满足的孩子更希望在网络上能寻求到情感的寄托。并且网络成瘾者们普遍存在着非适应性的自我认知，也就是说他们常常自我怀疑，只有很低的自我效能感（对自己的能力持一种否定的态度），对自我多持否定的评价和消极的态度，无论是对于自身身体健康等外在的状况还是对自身内在的个人价值都是一样。而这样的低自尊感让他们比常人敏感，更想要到虚拟的世界当中去寻求来自他人的肯定和赞赏，或者将网络世界作为一个绝佳的逃避之处。

　　同时，容易对网络上瘾的人更倾向于把事件的结果归因于外部因素（运气、社会背景、有势力的他人等）。

　　所以总结来看，我们才突然明白，原来无论是在初中或是高中因为迷恋网络游戏从家里偷钱出来去网吧通宵达旦的孩子，还是本来从小学到考上中学都一直品学兼优，但由于接触网络游戏之后深陷其中不能自拔，从而成绩迅速下滑、精神萎靡、功课荒废的孩子，在背后都有着他们自己本身的性格原因和父母教育背景的原因。

合理调节上网心理

　　大多数青少年的网络成瘾并不是那么的严重，多数都只是比正常合理的上网时间多了一些，但远没有到病态的程度。因此，下面我们就针对这种情况，将如何教育和帮助过度使用网络的孩子的心理学方法介绍一下。

大致上可以将这些方法分为两种：一种是认知行为上的，另一种是团体相互辅导帮助的。采用心理咨询是针对目前国内外对于网络过度使用的一种比较常见有效的治疗办法。治标先治本，很多表现在行为上的问题都是源自于人本身内心的障碍。

小白是一个总控制不住自己上网的人，他始终深陷其中不能自拔。从一放学就想去网吧玩游戏到甚至逃课去上网，长此以往，不仅变得跟父母、朋友的交流少了，而且因为长时间作息时间的不规律，总是精神萎靡，整个人看起来都病恹恹的。

那么在遇到这样的情况时，如果作为小白的家长，可以尝试着自己做一次自己孩子的"心理咨询师"。最核心的几点是：首先，父母不要在一开始就狠狠指责小白或是说教，而是尽量做到像朋友一样尊重孩子，在尊重的基础上相互协商。在明确学习是青少年最主要任务的基础上，也提醒孩子他的身体已经在发出抗议了。在青少年发育迅速的关键时期，沉迷网络造成的危害是很难再在以后恢复调整的。通过交流慢慢让小白更明确地意识到自己的这种行为不仅会荒废学业，损伤身心健康，还会因此而疏远亲情与友谊，而这些应该都是他不想要的结果。

在慢慢改变了小白的认知之后，家长还可以尝试着与小白协商能不能以一种逐步减少上网时间的方法作为一个好的开始来戒除网瘾，也许还可以约定每一次他有进步都可以奖励他一个礼物或是他喜欢，并且能够对他起到激励作用的事情。

在此期间多鼓励他出去做一些爬山、游泳、打球等运动也是非常有效的促进剂。一段时间之后，小白身上不出意外一定会出现可喜的变化。

另外还有一种与此相对的方法叫作厌恶疗法，例如让孩子在自己手腕带上粗皮筋，一旦出现要去网吧的念头时就立即用右手拉弹皮筋，使自己产生疼痛感，从而转移并压制这样的念头。现在也有采用类似方法的专门机构，帮助青少年戒断网瘾，但是对于普通的孩子来说，一些轻微的过度上网的行为是完全没有必要送到"戒网机构"的。哪怕孩子真的有很严重的网瘾，在选择这样的方式时也特别需要谨慎。因为现在国内由于现实发展的原因，很多这样的机构也许并不是特别规范，而一些机构采用的某些比较偏向极端的方式也是值得商榷的。

近年来兴起从国外借鉴而来的团体心理辅导也是一种很有意思的方法，它能够很有效地借助团体的力量来帮助个体解决自己的问题。当一个人可以在一群与自己相似的团体中找到共鸣时，也更容易产生积极的动力。对于过度使用网络的人进行团体心理辅导并不是要他们一次性迅速地从自己失控的行为中解脱，更重要的意义是能够从有相同经历的人身上感受到自己的变化和进步，就好似镜子一样。人们在互相比较、督促的作用下，慢慢地能够最终走向一个合理的、能自控的上网目标。心理辅导的目的从来都不在于达到某一种极端或是彻底完全的效果，它的目的是可以帮助人达到一种生活和自我的平衡，拥有一种正常和谐的生活状态。

正所谓"未雨绸缪"，其实对于网络过度使用这样的现状，最好的解决方式是"防患于未然"，这是有迹可循的，首当其冲的当然是来自于政府和社会的规范化。但是这个因素对于单独的家庭而言不仅是不可控的，更是难以预料的，而来自学校的教育却有很明显的可操作性。老师和家长应做到彼此十分熟悉，孩子每天绝大部分时间是在校园中度过的，老师无疑成了父母之外最熟悉了解孩子的人，如果父母能够和老师有一个很及时的沟通和反馈，那么无论是过度使用网络的萌芽还是想要逃课玩游戏的冲动，都会被消除在摇篮之中了。

作为父母，在孩子的成长过程当中始终扮演着不可替代的角色，所以，尽量和自己的孩子建立一种温暖良好的亲子关系吧，不要做一位为工作繁忙而常常不着家的爸爸，也不要做总是和好友姐妹围坐一起"砌长城"的妈妈，要知道来自你的关爱和你与孩子亲子关系的好坏，往往塑造和决定着孩子的人格。而完善家庭功能和社会支持也十分有益于预防青少年网络成瘾的发生。

无论网络的这张网多大，父母和孩子都可以做最聪明机智的鱼儿。

拇指一族

导读：孩子天天抱着手机不放，怎么办？

小蔡是一名高中生，上课时总是玩手机。老师发现后把他的手机给没收了。但是没过几天发现他又在课上玩。这样反复几次，没收了他三部手机。然后又看到他上课玩手机！这回再问是借同学的。老师很严厉地禁止别人借手机给小蔡，结果小蔡上课的时候就出现神情恍惚的状态，总是发呆。老师和小蔡谈话，小蔡就表示："离开手机就觉得不舒服。手里拿着手机才觉得安心。不看手机就会焦躁不安，什么也不想干。"

现在的孩子几乎人手一部手机，并且都追求要"苹果"手机。对于女孩子来说，以前的年代可能是去购买可爱的小文具、小信纸，现在的年代则是购买各种手机装饰。对于男孩子来说，打游戏是他们最热衷的事情，但是用电脑打游戏是那么显眼，总是会被家长监视和制止，结果就变成了用手机打游戏、玩软件——这回随时随地都可以玩，学习的时候玩，睡觉前也玩。

人类总是在不断地进化，无论是关于自身的发展还是对于所处的生活，人们都希望能够尽力使它们变得更好。事实上我们也做到了。特别是在科学技术高速发展的今天，电子产品为我们的生活带来了极大的便捷，不仅帮助人们提高了工作效率，更帮助世人拓宽了眼界，拉近了人与人之间的距离。但是在享受这些便捷的同时，我们不能够忽视的是电子产品的普及其实是一把锋芒毕露的双刃剑，在拉近人们与陌生人之间的距离的同时，这些所谓高科技的电子产品也在一定程度上加剧了人与人之间面对面真实交流沟通机会的减少和相互间关系的疏离。

日常生活中比较显著的一个现象就是触屏手机的出现。这种全新的技术产品造就了一群"新新人类"——拇指一族，因为大拇指是操作手机的"主力军"。拇指一族最为明显的特征就是在生活中他们总是不愿意关机，并且忍不住没事就看一眼自己的手机，刷一刷社交朋友圈，看一看微博中的新闻或是检查自己有没有未读短信或是邮件、有没有未接来电等等，甚至在去卫生间的时候都能看到这些人们"机不离手"。这些行为现象出现的频率高得惊人：有调查显示，最严重的对此"上瘾"的人能至多每天看手机150多次。

而这些行为的一个广为流传的"好帮手"就是简易便携的充电宝。现在很多拇指一族们如果丢失了自己的手机，或者仅仅是手机突然没电或是欠费、信号不好不能上网都会引发他们莫名的焦虑不安感。由于青少年群体在拇指族中占据了很大的比例，所以这个问题是很值得也很需要被父母们所正视的。

痴迷手机的危害

如此痴迷于手机的孩子们可能完全没有意识到：这样过度地沉迷于自己的手机会为自己的身心健康埋下多么可怕的隐患。在身体机能上这类人群有比常人更高的患腕关节疾病、近视眼、驼背、颈椎和头晕头疼等不适的概率，这些负面影响中特别值得一提的是在路上还总放不下自己手机的习惯。

生活中，我们在街上很容易就看到那些一边走路一边发短信、打电话、刷朋友圈的人。这样的行为是十分危险的，因为当注意力被专注在自己的手机上面的时候，就很容易让人在碰到障碍时甚至是在走平路时摔倒、发生交通事故。

在澳大利亚昆士兰：昆士兰大学的研究人员征募了26名年轻男女作为志愿者，给他们的任务就是走三段直线路程，区别在其中一段不拿手机，另一段要求边走边看手机里的短信，最后一段要求是要一边走还要一边编辑发送短信。

研究者们在仔细观察记录了志愿者们走不同路段时的身体姿势后发现：人在这三种情况下步态是有明显区别的，尤其是在一边走路还要一边编辑发送短信时人的步伐大小和走路的路径都有所改变和偏离直线。对此，研究人员解释说："人们为了要让自己的注意力完全集中在手机上，就需要用眼球盯住手机，同时严格控制自己肢体各个躯干部位，以便让手机一直在自己的视线范围内，从而减少了身体各部分的动作与协调性，所以摔倒或者出意外的可能性就变得更大了。而让自身的注意力高度集中于编写信息时也会在一定程度上影响身体的平衡。"

所以，为了单独上下学的孩子们在路上的人身安全，做家长的一定要帮助孩子纠正掉这个不良的习惯。比较有效的方法是让孩子意识到自己这种行为的危害和严重性，然后让他们形成一个如果真的有必要要在自己行走途中进行发短信或是其他活动的时候就停下来、做完手中的事情后再继续赶路的习惯。这样并不会浪费多少时间，但却大大提高了孩子的安全。

值得一提的是，在大洋彼岸的美国新泽西州利堡镇，如果你一旦被警察发现在走路的时候发短信，是会被按违章穿越马路规定施以处罚的哦。

另外，从心理发展的角度来说，过度痴迷于自己的手机会给孩子带来意想不到的心理问题。比如，长时间沉浸在手机的世界中会影响到一个人人际关系的发展。

生活中作为父母一定都有很深的感受：在和孩子一起吃饭或是出行的时候，孩子都会特别喜欢一头扎在手机的世界中。也许是照张相发个状态，也许就是无聊看看新闻旧闻，但就是不愿意抬起头来和父母交流。更有甚者，有的父母、夫妻之间也都是如此。成年人已经获得了社交技能，这样做的长期后果是让社交技能退化，但是孩子们呢？长此以往，就不难想象孩子今后会在人际关系和交往交流中出现问题和障碍了。

那么，既然有那么多的弊端，到底如何才能够真正帮助我们孩子中的"拇指一族"戒掉这个手机成瘾症呢？

怎么对付它呢

首先，作为父母可以了解两个心理学上的常识：一个叫作期待焦虑，另一个叫作信息焦虑。

期待焦虑是指总是担心即将会发生什么重大的不能错过的事件，从而总是表现出因为随时等待着一个事情的到来而不断检查自己的信息来源的行为。

拇指一族的孩子们也许总是想可能会有一些有趣或是有意义的事情发生在自己的周围，生怕自己会有错过或是遗漏——因为担心自己在拒绝或是遗漏信息的同时，就等于拒绝遗漏了信息背后所潜在的线索和机会——因此就抱着一种"宁可错杀三千，也绝不放过一个"的心态，愿意浪费时间去做这些看似无谓的"查找"。

而信息焦虑是因为我们生活在一个信息大爆炸的时代，现在的人们不用再去担心应当通过怎样的途径去查找有用的信息，而是需要担心当信息的海浪从四面八方向你涌来时，你无法及时有效地搜集到自己所需要的信息。这样就很容易造成人的一种焦虑的感觉。当外界信息输入我们的大脑时，人体大脑中是会有高级的神经中枢去综合、分析、判断并进行一番加工的。但如果人在短时间内接受大量繁杂的信息，因为大脑还来不及进行分解消化，超出了机体的承受力，由此便会造成一系列的自我强迫和紧张感。

拇指族们的焦虑感也有很大一部分是源于此。和期待焦虑相似的是，青春期的孩子们其实也有一种强烈地想要对信息进行掌控的欲望，所以他们害怕担心自己获取信息的正常渠道有不通畅的地方，所以需要不停地看手机，不然就会感到不适应或是有焦虑的情绪。

对待这种情况，父母可以教会自己的孩子学会筛选和归类信息。不要想着要对所有的信息都照单全收，因为现实是不可能也不允许一个人能够完完全全地去接收信息的，那样的后果只会让我们的大脑因为不堪负载而出现问题。让孩子明白对于自己所需求的信息要有敏感性和逻辑性，清晰明了哪些是自己需要的，哪些是根本就不必要而且会浪费大量时间精力的，从而学会取舍，有放弃才会有得到。

也许这样的能力并不能够在一朝一夕之间就形成并得到很好的应用，但是让孩子先在心理上树立这样一个基本的观念，并允许他有一个循序渐进的过程也就是一种很大程度上的进步了。

其次是在家中的时候要尽量合理"限制"孩子使用手机，因为在家中本就是一个应当完全放松和整理自己思绪的环境，如果这种时候还不断被手机的各种游戏或是聊天工具所吸引就会打破这种平衡。其实在可以的情况下，我们建议孩子回到家后尽量能够关机。当然，这不能强求，因为毕竟手机或是电子产品还是有许多好的学习功能的。而且，关机的前提是孩子在家有丰富的活动或"日程"。例如几点到几点写作业，几点到几点学习，几点到几点看小说听音乐，什么时候和父母聊天、一起看电影，什么时候和父母出门散步……但是，至少在睡觉的时候一定要关闭自己的手机，不要让孩子做一个睡前手机控。这跟从小培养的习惯也很有关系，如果孩子能够养成睡前看一些书籍的习惯是再好不过的了，因为手机或是电子产品在黑暗中所发出的光会抑制人大脑中一种重要的激素——褪黑素的产生，而褪黑素是一种对于人的睡眠至关重要的激素，特别是对于处在发育时期的孩子来说一个高质量的睡眠是至关重要的。让孩子养成一个睡前能安静回想整理自己一天所学所得的习惯也是很有益处的。我们的大脑虽然强大，但是也需要适当的休息，今天的休息是为了明天走更远的路。

另外还有帮助拇指一族孩子们的方法就是替代法：用运动、听喜欢的音乐、绘画、读书，或是与家人朋友面对面交谈而不是在朋友圈中留言等方式来代替玩手机。锻炼能够帮助人放松，与自然的接触和人与人之间真实的接触也会在很大程度上缓解孩子对于手机的依赖和对于信息的焦虑。当面临着不可避免的情绪紧张时，不妨教孩子做几次深呼吸，这也有助于舒解压力，消除焦虑与紧张。而在对于手机的注意力逐渐被转移到某种体育锻炼或是类似记日记的习惯之后，想要自己的孩子脱离出拇指一族的时候就不远了。

最后，值得注意的是这种行为的纠正和改善并不能一开始就被严格地限制或是想要直接扳到正确的轨道上来。只有循序渐进，先让孩子从内心认可和想要这种改变，再由内而外地在家长的帮助下一步一步地成长，拥有一个健康快乐的生活方式和生命状态。

爱攀比

导读：这个社会是快速消费的社会。当孩子一次次伸手要钱时，我们该怎么办？

据美国《世界日报》报道，中国留学生赴洛杉矶大笔花钱令人印象深刻，除买车买房外，很多孩子日常生活追求"品牌"，开销"只买贵的，不买对的"，极尽炫耀之能事。

在洛杉矶市工作的王小姐最近接待一位朋友的孩子去上高中。孩子刚落地，就指名要去比佛利山的名品街购物。王小姐陪她到一家精品店，孩子挑了一件没有任何图案的白色T恤衫，和中国老年人穿的"老头衫"差别不大，但价格高达300美元。不过孩子却惊喜"真便宜"，立刻买下，让一边的王小姐瞠目结舌。她表示，自己买件300美元的大衣也要再三考虑，没想到一个高中生出手如此阔绰。此后几天，由于王小姐没时间陪逛街，这个孩子自己叫出租车徜徉于各大购物中心，仅出租车钱就花掉数百美元。

杨小姐姑妈的孩子点名要一条绿松石的手链，售价高达500美元。杨小姐表示，孩子只不过是个高中生，也不是什么富二代，买这么贵的东西到底何用。但姑妈却说，过年时被孩子缠得实在不行，所以一咬牙给他买一条，堵住孩子的嘴。现在孩子攀比心重，而且喜欢一窝蜂追求一个牌子，如果别人都有而自己没有，就有被孤立的危险。为了孩子，只好咬牙买了。

攀比背后的心理需求

现代社会是一个浪费的时代。社会鼓励消费，各种新产品层出不穷，商家告诉你旧的东西理应被淘汰。在这种社会大潮的推动下，孩子每每可能还来不及明白自己为什么要做一些事情，而只顾一直往前，迷失了自己的方向。

我们常常听到自己家的孩子跟朋友在一起的时候相互比较谁用的手机比较新潮，谁穿的鞋是当季最潮最炫的，谁又刚去了哪个国家旅行，甚至谁的男女朋友更了不起……这不由得让作为家长的大人深思：我们的孩子到底怎么了？难道在物质上的攀比得到了"胜利"就真的能够证明"你过得比我好"吗？

没有一件事情是无中生有的，孩子的攀比心是有迹可循的。

著名美国犹太裔人本主义心理学家马斯洛的需要层次金字塔就告知世人：其实人的需要是会有层次之分的。从最底层的人的生理需要，也就是对于食物、水、空气、健康等的需要得到满足后，人就会自动去寻找下一种需要——对于安全的需要。而当人不再感到不稳定与不安全的时候，就有了更高的在社交层面的需求，这已经属于较高层次的需求了，就像是孩子对于友谊、爱的需求。再上一层的话就来到了本文的重点关注点：尊重的需要。这样的需要包括了追求对于自身价值或是成就的肯定，以及需要他人对于自己的地位的一种认可和尊重。所以，我们不能够仅仅将孩子间的攀比看作是完全的虚荣心而加以批评，因为只有在孩子的尊重需求无法得到满足时才会变得十分地爱面子，并且容易被一些虚荣的事物所吸引。正是因为缺乏才会十分努力想要用自己所拥有的或是自己的行动来证明自己其实很好，来获取来自他人的认同和存在的价值。也只有在获得了尊重之后，他们才可以迈向更为高级的自我实现的需求和超自我实现。

其实需求层次理论的背后是一个人人格的体现，也是个人行为重要的动机来源。试想一个人如果失去了做事情的动机，那么这个个体也就无法得到相应的成长和发展了。所以作为家长首要的是要尊重孩子表现出的较强的自尊心甚至是虚荣心。

产生攀比的另一个原因

现当代教育之中其实存在着很多被忽视的地方，其实另一个攀比之心的来源就是父母对于孩子的"无条件的爱"。这种无条件的满足就是滋生孩子攀比之心的沃土，当然很重要的一点是一定要区分"真假"无条件的爱。

我们心理学和教育学经常提到需要给孩子提供无条件的爱是指：要告诉孩子、让孩子明白无论遇到什么样的挫折或是不好的情况，作为最亲密的家长，都是他们最坚强的后盾；在帮助他们明辨是非的同时，无论如何都是不会放弃他们和不爱他们的，从而让孩子拥有一个积极健康的心态和人生价值观。这是需要我们做到的"无条件的爱"。而源于溺爱和无条件的满足孩子所有在物质和经济上的要求的爱是不值得被提倡的，特别是有的父母会在无论是自己经济范围之内还是之外都尽力去满足孩子的行为。因此，如果你的孩子有特别强的攀比心，总是喜欢与自己的同学或是朋友相互比较出个高下时，当家长的你首先要反思一下自己是否已经过多溺爱了自己的孩子呢？

如何看待攀比

其实攀比也有"好坏"之分。这是因为一分为二地看，"好"的攀比之心会带给孩子更多的积极的影响，就像是一种良性的竞争促进剂。

一个合理的比较心态事实上是更能够促进孩子的成长的。因为他在别人身上看到了自己的短板，在与别人的比较当中找到自己想要的闪光点，从而作为自己努力的方向，这是十分有益的。比如，在学习当中，有的孩子会觉得自己最要好的小伙伴成绩总比自己要优秀一些，所以他就很努力想要在这方面超过他的朋友，于是这样的动力就会督促着他花更多的时间去学习并最终取得令自己和他人都刮目相看的成绩。在得到赞赏之后，孩子从这种比较当中收获的是自信与坚信自己通过努力可以成功的信念，这就是比较所能带来的正能量。

在体育或是其他的竞技项目方面的良性"攀比心"也能够取得相同的效果，家长作为旁观者，只要不要让孩子的"比较"跑偏就足够了。

　　而负性的攀比，就像是蜿蜒的毒蔓，会渐渐蒙蔽住孩子纯真的内心，带来意想不到的害处。不良的攀比之心总会让孩子不断想要比谁好比谁强，内心就像是有一个声音在呐喊助威让他停不下来。而因为很多攀比往往可能是超出了现实中孩子或是家庭的能力范围之外的事情，所以也很容易给孩子带来情绪上的困扰或是焦虑不安的感觉。越焦虑越想要比别人样样都强，而要求越高就越容易做不到，做不到之后就更焦虑……如此恶性循环下去，后果是难以预测和控制的。表现在现实生活中的负攀比有些类似于钻牛角尖或是走进思维的死胡同，甚至还想要通过一些不恰当的手段来达到目标，这是最应该被避免的。无论对自身的能力还是家庭能够提供给自己的物质有怎样高的要求，也只是自身的一种信念和想法。一旦行为出现了偏差，性质就不一样了，这时便产生了"嫉妒"。

　　良性的嫉妒也被称为羡慕，可以被定义为一个人意识到自己的身份、成就或财产等不及别人的时候，渴望得到这些情感体验；而恶性的嫉妒则希望其他人也缺乏这类物质，希望其他人变差。嫉妒常常可能源自于一些负面的自我评价，在与比自己强的人作比较的时候，自己往往会有些自惭形秽，从而自我评价降低。英国哲学家伯特兰·罗素就曾说："嫉妒是一个最使人不快的原因之一。"

　　举一个生活学习上的例子，孩子想要超过某个同学，但是由于他很极端，而自己定下的目标也很高，没有办法在短时期内达到，所以他就会变得更加迫切，以至于可能想得更多的不是要怎样努力勤奋地去学习、掌握学习的技巧和方法，而是会想要通过破坏竞争对手的机会或是用自己的一些小伎俩去做一些对对方不利的事情。这样即便最终孩子达成了目标，但这样品质的小孩应该不会是父母们想要培养出来的好孩子吧。

在物质的追求上同样有着类似的例子：可能这个孩子就是十分想要穿得漂亮，所以从衣服到鞋子都希望爸爸妈妈能够给自己买最好的名牌，如果得不到满足，有的孩子就会将这种要求诉诸爷爷奶奶，而老人大多会尽全力去满足孙辈的愿望。如果还是不行的话，有的孩子就会闹情绪、脾气很大、倔强不愿意妥协……在遇到这些不良的攀比欲望时，到底父母应该怎么办呢？

如何应对不良的攀比

首先，不能任意满足或是妥协于孩子的任何要求。做家长的在这种时候一定要有长辈的权威和决断力，就像上文所叙述的一样，哪怕这种不好的攀比并不起因于家长的溺爱，可一旦没有树立一种好的规则也很难去把握孩子行为的方向。

所以，落在父母身上很重的任务就是要教育自己的孩子不论自己想要得到的东西或是想要达成的目标是什么，成功的途径可能是多种多样的，但是有一种方法是绝对不可以的，那就是不劳而获。任何事情哪怕自己再想得到，再想超过别人，不管是在学习成绩上还是所谓的想要穿得比别的小伙伴光鲜亮丽，都是需要自己通过努力去完成的。

父母有义务给孩子提供的只是最基本的吃饱穿暖和一个良好的教

育，并没有任何义务也不需要去满足一些奢侈的或是超出了家庭经济能力的要求。孩子想要？可以，本人通过实现自己的价值来取得。当这种基础的观念能够在孩子心中扎下根来后，它所能够形成的规范就可以起到在孩子将自己和他人比较时，对他的行为有一个正面的导向作用。

还有应当培养孩子多从纵向比较而不是横向比较的心态。

纵向比较是指把自己与自己的各个发展阶段和方面比较，横向比较是指把自己与他人比较。如果孩子能够多将自己与自己的过去相比较，就能够帮助孩子意识到自己的成长需要改进的地方。有的时候总是跟别人比这比那很有可能会显得盲目，但是把过去的自己作为参照的话，就有一种能够自我提升的意义。

有一句话说得是一个人只要做得比昨天的自己好，那么他的生活就是成功的，就是这个意思。试想如果真的可以每一天都比以前的自己更好，那么想要最终比别人好还会遥远吗？所以，激励你的孩子跟自己比赛吧！

另外，重要的一点是不要总把"别人家的小孩"挂在嘴边。现在这样的父母其实很普遍，总是跟自己的孩子说："你看隔壁的小丽、小强多优秀啊，成绩又好，又会好多不同的才艺……"家长埋怨孩子和人攀比，但是家长自己就把自家孩子与别人孩子相比。"别人家的孩子"这好那好，总让孩子沉浸在这种别人家的孩子什么都好的世界中，很容易有很大的压力，从而也会让他滋生想要什么都比别人好的念头，并且为了达到目的有一些"不择手段"的行为。所以，从现在起，让别人家的小孩过他自己的生活吧，因为无论别人家的孩子怎样，都与你和你孩子的生活无关。

最后，我建议父母可以多带自己的孩子或是鼓励自己的孩子参加一些类似于义务劳动的活动。因为在义务的劳动中，孩子会感觉到自己能够通过自己的行为为他人带去幸福与快乐。

义务劳动的氛围能够让孩子获得一种自我价值的满足感，而得到他人对自己的肯定和尊重，在精神上就很大程度地满足了孩子的自尊心。虽然没有物质上的奖励，但一定不要小看这样的能量。一方面它会提醒孩子劳动或是付出的不易，让孩子学会更加珍惜父母的劳动成果；另一方面它又能极大满足孩子自尊的需要。所以，这样两全其美的事情，父母们可以多和孩子一起去参加或是鼓励孩子去参加，一定会有意想不到的收获。

攀比之心不可怕，想要比别人好也不可怕，可怕的是没有一颗正直的心灵和一种正确的行为价值观，所以希望家长们可以通过一些教育为孩子做一个正确的导向，让自己的孩子每天都比昨天的自己更好，更幸福。

帮孩子变时尚

导读：青春期的孩子就像求偶的孔雀一样，喜欢打扮自己。

一大早就听到邻居家在吵闹："……这么大孩子了，洗个脸磨磨蹭蹭的，半个小时也没弄完。简直跟她妈一模一样！成天到晚不知道好好学习，买这么多化妆品回来瓶瓶罐罐摆一堆！晚上回来不写作业，就忙着摆弄那些化妆品，一玩就是一小时。照着镜子挤眉弄眼的，看不够似的。才十六岁！年纪轻轻的就这个样子，像什么话！……"

原来，邻居家老太太的孙女这段时间暂时住了过来，搞得我们几乎每天都要听老两口念叨这个可怜的青春期少女，内容翻来覆去地无外乎就是姑娘怎么喜欢打扮自己了。

要我说，这个孩子洗脸半个小时的时间一点也不算长，这根本是老人的看法过时嘛。何况青春期的孩子对自己的外貌有所关注，这是非常正常的现象。

为什么青春期的孩子那么关注自己的外貌

　　青春期是孩子自我意识高涨的时期，孩子们开始格外注意"自己"这个存在。"自己"是不是引人注目？"自己"够不够好？"自己"有没有达到自己和别人的要求？孩子们希望自己与众不同，希望自己漂漂亮亮、干干净净、获得别人的赞美和欣赏。虽然我们成年人也会注重外表礼仪，但是和孩子们不同，孩子们的这种注重，就好像演员第一次登上舞台，那一定要足够完美才行。所以说，孩子怎么能不关注自己的外貌呢？

　　除此之外，这个时候的孩子性意识觉醒，都想吸引异性的注意，想要在同性当中更加醒目，获得异性的关注和好评。又有哪个人年轻的时候不曾这样呢？

　　我的一个好朋友在中学的时候就曾经对着镜子苦练微笑。因为她发现自己眼睫毛很长，如果稍微眯一点儿眼睛，睫毛眨呀眨，然后再抿嘴一笑，就显得特别眼神朦胧笑容迷人。当初我也挺看不上她这么做的，觉得"太假"。直到多年后我看了国外的一些介绍演讲技巧的书才知道，一些政治家、演员都是对着镜子边看自己的样子边修正自己的表情、神态，以便让自己更迷人更有影响力的。

　　孩子们关注自己外形还不光表现在"爱美"上面，有很多孩子的打扮都标新立异的。你看那些"杀马特"造型，头发像尖刺一样，颜色有紫的有红的。他们弄成那种在我们看来极其难看奇怪的样子，可是在孩子们自己眼中，那都是个性的象征，都非常"酷"、非常好看"劲爆"。其实过一段时间孩子长大了也会觉得自己那时候的样子很傻很难看。但是当孩子做出这种行为时，他们是在向世界宣告：我在这里呢！你们看见了吗？这就是我，独一无二的我。

我们该如何支持孩子呢

1. 鼓励孩子、肯定孩子

孩子对自己的外貌关注，从某种角度来说是一种自信心不足的表现。好比如果你拥有一张国色天香的脸和傲人的身姿，穿个麻袋你也是漂亮的，对吧？当然了，青春期的孩子就算真的是出水芙蓉，她们也不甘心穿个破麻袋。以前我上学的时候，好多女同学都喜欢穿肥肥大大的校服。难道我们这些女同学都不爱美吗？恰恰相反，因为肥大的校服可以遮住我们的缺点啊。因为校服经常要穿，所以家长都买了加大码的校服给孩子。加大码的好处是：如果你因为自己胸太大而在意，它可以帮你遮住；如果你因为胸太小而在意，它可以帮你遮住；如果你嫌自己大腿太粗，它可以帮你遮住；如果你身材苗条，校服的肥大更能衬出你的小腰身……总之，校服的好处简直说不完道不尽。如果说女生喜爱校服，那么说起男生就必须要谈青春痘和发型。男生们的青春痘简直是他们难以诉说的苦恼。每天和心仪的女生说话时就在想"她有没有发现我今天脸上多了两个痘痘，已经达到了总数十八颗"。其实如果他是一个学霸，女生根本就不会注意到这些，最多会认为他是一个"有痘痘的学霸"。所以，如果想要支持孩子度过青春期，首先我们就应当帮助孩子多认识自己的优点，多多鼓励孩子、肯定孩子。一个有自信的人，自然会散发魅力。因为人们潜意识就会认为：这么有自信的人，他身上那些值得他自信的优点，必定会使他身上的那些缺点变得微不足道了。一个有名的作家曾经说："当我只是一个胖子时，大家都叫我胖子；当我成了一个有趣的胖子时，大家都记得我是个有趣的胖子。慢慢地时间长了，大家就只记得我是一个有趣的人。"

2. 帮助孩子变漂亮

我经常在商场看到一些家长带着孩子买衣服。那些孩子穿着非常朴素的运动服或休闲服，戴着大眼镜。男生是简单的短发，女生是露出脑门的大马尾。——简而言之，土毙了。女孩子去试裙子，父母就坐在那儿等着。孩子出来了，父母频频点头——可是那条裙子一点儿也不鲜亮活泼，不适合孩子的年龄，也不适合孩子本身的样貌。我真想说，拜托专业一点儿吧！这些孩子这么听话，一看就是好学生。周末跟着爸爸妈妈出来购物，而不是和小伙伴一起，结果就只能把自己打扮成这个样子。我们做父母的应该帮助孩子想办法变得漂亮一些。如果他们自己不知道怎么办或者还没有意识到应该怎么办，我们应该主动帮助他们，给他们改变造型，给他们买一些合适的衣服。

虽然中学生的学习任务很重，虽然这时候的孩子还很青涩，但是让孩子变得漂亮些会让孩子更自信、心情更愉悦，在这种心理状态下，对孩子的学习也是有帮助的。

3. 帮助孩子合理安排时间扮美自己

如果家长自己具有时尚的品位那是最好的，通过观察家长的衣着样貌和家长给自己买的衣服，孩子就可以学到经验，而且是从高起点起步的经验。

如果家长对这方面也不大懂，那孩子只能自己从零开始。

小雪在中学的时候就是个书呆子，不懂得打扮自己，特别遵守学校的规则。小雪的班里有些女生每天都带着便服来学校，只要做完体育活动就换上便服，要做体育活动再换回校服。小雪觉得这样真累呀，校服多好多方便啊。现在回想起来，小雪会说自己那会儿就根本没开窍呢，什么都不懂。直到步入社会工作了两年，小雪才开始注意起自己的穿着打扮来，不像以前那样总穿休闲运动服，而是买一些精致的、有女人味的衣服来穿。也是在注重打扮之后，小雪的好姻缘才到来了。小雪说："要是我也像那些女同学很早就开始关注时尚，早一点注意修饰自己，就不会错过之前的一些工作机会和好男人啦。"按照小雪的经验，随着你看过的衣服样式越来越多，你的品位就会越来越好。历经几年，小雪从"地摊风""日韩风"……最终到达了"欧美时尚风"，在这期间每年小雪都会发现自己前一年买的衣服已经无法让自己看得上了。

如果我们对时尚稍微关注，就会知道有很多著名设计师或者时尚博主都是在很小的时候就开始关注时尚。她们之所以能年纪轻轻就出名，正是因为她们从小就开始积累经验了。在我们所生活的这个消费社会，时尚也是每个人必备的一门技术，因为我们需要学会包装自己、推销自己。对自己的外貌关注：照镜子、打扮、看相关的书籍，这些都需要花时间。如果孩子每天做完这些事情都能让自己心情更好，那么就让他们做吧。我们可以规定：只要完成当天的学习任务，并且保证按时睡觉，剩下的时间随便孩子安排。如果想把时间都花在打扮上也没关系，时尚也是一种品位，和欣赏艺术品一样，是需要时间来培养的。所以只要时间适度，尽管让孩子去扮美自己吧！我们还可以趁机和孩子套近乎，一起扮美自己；还可以趁机培养孩子的美感和欣赏艺术的兴趣呢。

追"星星"的孩子

　　导读：好像最狂热的追星族就是十几岁的少年，这是为什么？

　　某韩剧帅气俊朗的男主角以迅雷不及掩耳之势火遍大江南北。这样的现象不仅仅是存在在韩国的偶像明星中，任何国家里，几乎每一个明星背后都有一群狂热的追星族们。随便搜一搜新闻，我们便可从媒体上得到一些由于青少年追星而引发的恶性新闻事件，例如，大连16岁的少女因母亲没有给她买偶像张国荣的CD碟而自杀；温州一名17岁的中学生因没钱亲眼见到偶像影星赵薇而服毒自尽；四川13岁的女孩在连看8遍《流星花园》后，离家出走下落不明，生死未卜……至于偷拿家里的钱去给明星买礼物、去买明星演唱会的门票或者成立歌迷会，这已经不是什么值得大惊小怪的事情了。

　　最狂热的追星族大多是十几岁的少年，究竟是什么样的沃土培育了这样一群追"星星"的孩子们呢？

明星其实是孩子心中的理想自我

发展心理学中，处在青春期的孩子都面临着一种自我意识的发展：自我同一性。心理学家是这样界定同一性概念的：同一性是指个体将自身动力、能力、信仰和历史进行组织，纳入一个连贯一致的自我形象中。所以在这样一种敏感的时期，外界和他人的影响对孩子而言就扮演了一个很重要的角色。因为当孩子在塑造自己的时候，总会不自觉地将外界的环境和影响作为一种模板或是参考，对于明星的一种欣赏和崇拜在侧面反映了他们对于自己的一种期待和美好的向往。

另一方面，在聚光灯下的明星们的优点会被无限放大，这个时候孩子们很容易因此而"爱屋及乌"，很多时候孩子们喜欢的可能只是这个明星身上的某一个特质或者是优点，但是大多时候我们看到他们会对自己或朋友说："我被他/她的这种气质深深吸引了，我喜欢他/她的全部，无论是好的还是不好的。"而一旦当偶像身上发生了一些不好的事情时，很多孩子会发现自己无法接受、理解一个像普通人一样有很多缺点和不完美的偶像。这时，孩子会怀疑和质疑偶像，质疑自己的价值观与选择。这个时候家长不妨告诉孩子："也许你对他的了解早已远远超过了他自己对自己的了解。明星们其实也是和我们一样的普通，除了有自己很突出的优点之外，也不免会有一些缺点。但是我们千万不能因为一个人不好，就说他全都不好，这样的武断是应当被避免的。"

在心理学范畴中有一种现象叫作"晕轮效应"，也被称之为"光环效应""光晕效应"或"月晕效应"，指的就是人们一旦发现某个人有突出的优点，就会觉得这个人整体都是好的。"晕轮效应"在一定范围内影响着人们的日常生活。它本质上指的是一种以偏概全的认知偏误。不管你是一个多么聪明优秀的伟人、多么闪耀照人的明星还是只是一个普通的邻居家小李、小王，都无一例外会受到这种效应的影响。比较著名的一个例子就发生在被称为"俄国诗歌的太阳"大文豪普希金身上：普希金在遇见被称为"莫斯科第一美人"的娜塔丽娅后深深被她吸引了，后来两人结为夫妇。但是在婚后每一次普希金将自己的新作深情朗诵给自己最亲密的伴侣时，她常常都不能够耐着性子听完就走开。最后普希金还是为了要满足她奢华的追求与欲望而债台高筑，生命也终止在一场关于娜塔丽娅的决斗中。举这样一个例子不是要指责或是品评爱情，只是想要说明连一个大文豪都会因为美貌而忽略了内心人格真正的契合而掉入"晕轮效应"的陷阱，更何况是我们家中天真单纯的孩子呢？

有学者说："崇拜是崇拜者对被崇拜者怀有的一种尊敬、钦佩的情感和心态，一般来说是在两者之间有不可比的情况下发生的，反映了崇拜者希望成功和追求完美的渴望。"所以在完美的光亮照耀之下，光晕愈发扩大，也难怪孩子看不到任何灰暗的地方了。

让追星变成好事

正如晕轮效应有正面与负面影响之分一样，追星也并不是完完全全负面的应该被禁止的。

首先，家长要能够站在一种理性的角度上看到孩子之所以会迷恋某一个明星，肯定是有原因的。其实做父母的也应当算是"过来人"。试问哪一个年代没有被大众热烈追捧和崇拜的对象呢？在生活中大家都需要一个美好理想的寄托点，这也反映着人类永恒的对于美好的追求和向往。因为无论是在物资匮乏的年代还是当今不愁吃饱穿暖的生活中，都会出现一些具有特点的人或事物能够受到大部分人的崇拜与追逐。这也算是人的一种本能。可能有的父母并不能意识到这一点，或许是自己对新生代的偶像抱有成见，而从内心深处想要抵制孩子对他们的喜欢和追逐。这种时候我们何不冷静下来，认识到其实追星的出发点是好的，是孩子开始真正意义上建立自己的价值观了；孩子终于可以独立地去判断自己对他人的看法，能够站在自己的角度上去分析与评价别人，并且愿意去追随他认为美好的品质。这对他的成长来说是一种莫大的进步与成长，是应当被鼓励和得到正确发展的，而不是被禁锢的。

其次，在偶像崇拜的过程中，最为积极的一点是一些正面行为的投射，也就是说可能平时家长对孩子千叮咛万嘱咐都效果甚微的事一旦与他所崇拜的明星有关，他就能够很容易地约束自己或者督促自己去做到了。虽然听起来对于一些父母来说是一个很大的"打击"，但是转念一想，至少有一种效率很高的方法能够让孩子变得更好，有的时候还可以被父母巧妙利用一下，这样也还是不错的。

所以当你再次看到自己的孩子在看到某个广告或是宣传海报失声尖叫、兴奋不已时，不要再烦恼地皱起眉头，拉他走开。相反，这个时候你和孩子的交流都有可能会变得比平时更加顺畅。如果你再适当地表示出你也对这个明星的某些方面很赞许，那么极有可能会让你和孩子之间的亲密感更上一层楼。要是这个广告是一个有关行为习惯或者其他好的思想理念的公益广告，那就更应当陪孩子一起驻足感受、学习优点了。

巧妙地"限制"追星

当然，现实的事实也在不断告诉我们过于盲目地追星的确在一定程度上干涉了孩子的生活和学习。比较显著的一点是在金钱上的花费。

看一看市场中充斥着的各式各样的"明星周边"，差不多是只有你想不到的产品，没有你找不到的东西。庞大而多样的市场必然很容易吸引孩子的眼球，而一些商家更是会用一种"如果你不买他们的商品，就表示你对这个明星不够热爱"的宣传手法来满足他们的经济利益。营销的手段作为家长无法干涉也不能更改，但是我们可以以长辈的身份教导孩子要树立两方面的观念：

一是自己现在还没有能力去挣钱，所以无论是学习还是生活花销都是父母给的。这并不是说父母就不能也不愿意为孩子的兴趣爱好埋单，正是因为这样的情况才更需要谨慎和理智地选择。孩子自己没有权利去要求父母为自己的狂热崇拜和疯狂血拼而照单全收。如果孩子觉得自己要买的或是支付的理由都不足以说服自己父母的话，这样的消费还是需要谨慎又谨慎的。

二是不应该由于追星而耽误了正常的学习与生活。我们可以看到现在的明星大多数在从降落到某一地的机场开始就受到了大批粉丝的热情迎接。这样的"接机大军"中不乏青少年的身影。作为父母，其实是不应该为这样的开销而埋单的。因为作为青少年来说，首要也是主要的时间都应当是在校园中汲取知识，无论是这些要学习的基础知识还是应当在校园中培养的学习习惯都是非常的重要和必不可少的。而对于明星来说其实这样的一种迎接并不是十分必要的。孩子应该具备这样的认识并将其纳入到自己的思想当中。父母如果发现自己的劝导和单纯的制止行为显得有些无力时，也可以退一步通过和孩子交换协商的方法来保证孩子的正常学习生活的维持。例如答应他在假期的时候可以去看一场演唱会或是参加一场签售会，但是前提是不可以用自己的学习时间去做这样的事情，如果有违背的话，也会有一些相应的惩罚。约法三章永远适用于大部分的家庭教育。

最后，作为家长，其实对于自己孩子存在的充满着热情与幻想的"星星热"，始终不能够采取"一棒子打死"的策略。这种青春期的狂热情绪就像洪水一样，只能疏不能堵。我们应该在建立好的原则与底线之上，灵活地根据自己孩子的性格调整教育方法，因地制宜、因材施教，和孩子一起理智地、快乐地去欣赏他所喜欢的那一颗闪亮耀眼的"明星"。在你的帮助与引导之下，让"星星们"的光芒照亮你孩子最为星光灿烂的青春时光！

成为孩子的挚友

导读：青春期的孩子感觉自己已经是个成年人了，但实际上又不是。这时候的孩子需要家长的理解和尊重。

青春期孩子的心理特点：矛盾

刘清在周记里面写道："马上我就要十六岁了，我觉得自己已经像个成年人一样了。我的思想和智慧一点儿也不输给爸爸妈妈他们，还有很多时候他们看问题还不如我清楚。当然不是每个孩子都和我一样，我表哥就很幼稚，我的同学们也很幼稚。或许只有我这么早熟？同龄人没有能够理解我的，大人们更加不会，我不想和他们说话，太累。我就像天上的星星一样，虽然有很多伙伴，但是却那么孤独……我的心里有那么多的想法，憋得我好难受。有没有人能够让我一诉衷肠呢？……"

尽管刘清渴望与人交流，但他在家里却很少说话，原因当然也很简单：有几次他满腔热情地讲述自己的想法被父母忽视了、嘲笑了、驳斥了；有几次他和父母产生了激烈的争吵……次数一多，刘清就不想说了。本来爸爸妈妈是自己最亲近的人，当别人无法理解自己的时候，至少他们应该理解自己吧？可惜这最后的希望都破灭了。刘清心里觉得很压抑，很孤独。

现实中有刘清这种想法的中学生非常多，他们渴望被人欣赏却又得不到欣赏；渴望被人理解却又不愿意敞开心扉。像刘清这种与家长之间的"冷战"状态还算好的，还有很多家庭处于随时一触即发的状态，只要孩子和某个家长共处一室，空气中就满满地都是火药味。

化解矛盾方法一：善于倾听

青春期的孩子内心世界有着闭锁性与开放性的矛盾特点。这个时候的孩子认为只有他自己有某种想法和感受，他的这些想法和感受是独一无二的、空前绝后的、没有人可以理解的。所以他们不愿意和人分享这些感受。但是另一方面，他们又很孤独，非常渴望能够有人理解他们的这些感受，与他们产生共鸣。而当他们需要倾诉的时候，我们——"好朋友家长"就应当抓住时机，好好倾听。

我曾经遇到过一个老师，这个老师非常厉害，因为所有他接触过的孩子和家长都认为他最关心自己和自己家的事情，都觉得他非常热情、理智、惹人喜爱。这个老师的绝招就是非常善于倾听。因为他善于倾听，在听人说话的时候眼神专注并不时回应意味深长的"哦……"，结果大家就都觉得他理解了自己说的事情，——因此感觉他是专业的、理性的、聪明的；理解了自己表达的情绪——因此感觉他是关心自己的、喜欢自己的。结果就是这位老师还不用张口，问题已经解决了一半。

当我们倾听孩子的时候，也需要做到这样专心，就算孩子说的话题再幼稚再无聊，我们也不能流露出半点不满——因为这个时期的孩子敏感脆弱，一旦孩子不想与你交流了，说不定就会变成一辈子的习惯。

倾听不仅包括接纳，还有回应。除了我们上面提到的那种表达理解的回应，还可以表达我们的感受。在和青春期的孩子交流时，最好的方法是把我们年轻时的感受和故事讲述给孩子。家长们这时候最需要做的是想一想自己当初像孩子这么大的时候，是不是和孩子现在一样，或者甚至表现还不如孩子呢？想到这一层，家长对孩子也就更多了一分理解。

化解矛盾方法二：不唠叨不强迫

青春期的孩子不但特别敏感，还有很强的行动力。这时候的唠叨和强迫会让他们一百倍的逆反。

其实与其唠叨，不如学学那些广告，做一些"小动作"。

心理学家发现，如果在广告影片里面不显眼的地方布置上品牌标志，一样会对人们的选择产生影响。当人们的大脑接收到了这个信息但又没被加工、没被注意到（你的眼睛确实看到了，但是你的意识没有看到），这个信息就会对你产生潜移默化的影响。如果你看到了，注意到了，你反而可能会因为自己的想法和评价，对这个品牌产生反抗心理。

心理学小知识 ▶▶

睡眠者效应

睡眠者效应指的是低威信来源的信息在经过一段时间后产生的影响比最初要大。也就是说，只要环境提供与人们原有观点不同的信息，人们的态度终究会受到影响和改变。

所以，如果我们想要改变孩子的一些观点和看法，也可以采用这种"渗透"式的手段。例如，那种大条幅式的"好好学习"就赶紧收了吧，改成在漂亮的海报角落写上小小的"好习惯影响一生""战胜自己""锻炼意志力"等等简短的警句。或者找一些"软文"来给孩子看，如果找不到干脆自己写！把自己的想法写成信件与孩子交流也是非常好的，不仅增进感情，还锻炼孩子文笔和表达，还能留存下来供以后重温。

化解矛盾方法三：尊重孩子隐私

我想没有哪个成年人会千方百计想要偷看朋友的日记，并且"是为了他好"。同样，没有一个青春期少年喜欢父母"监视"自己的生活。

小舟从小就住校，而每次小舟妈妈去学校看望他的时候，都会顺便查看一下小舟的床铺、柜子。其实小舟妈妈没有特别的意思，她只是想看看儿子在学校的生活是怎样的。但是小舟不这么认为，他对我说：
"我妈就爱翻我东西！那天她又翻我柜子了！"我问他："哦……她是
怎么翻的？趁你不在的时候，打开你的柜子翻弄里面的东西？"小舟
说："对！就是我从外面回来看到的。她就是把柜子门打开看看，然后
关上。而且完全不在意我发现了她！"

对此，小舟妈妈感到非常冤枉："我就是好奇，想知道他柜子里都
有什么嘛……"

瞧，父母没认为自己侵犯了孩子的隐私，但是孩子认为被侵犯了。
或许当我们去好朋友家玩的时候，也会想要看看别人家里的摆设，好朋
友也会欣然允许。注意，这都是建立在你情我愿的基础上的啊。如果我
们也当孩子是好朋友，就会在做这件事之前征求一下孩子地同意了。并
且，就算孩子不同意，我们也没有理由生气或者威胁孩子。

化解矛盾方法四：无条件地积极关注

如果我们把孩子看作朋友而不是资产，就更能无条件地关注孩子。

比如，2014年世界杯阿根廷在小组赛的第一场发挥极差，踢了很
久，还是靠点球才进了一球。虽然在裁判的判罚下阿根廷射进了一粒点
球，但是我们能看到现场的阿根廷球迷们表情都呆呆的：他们不知道是
为了这粒并非精彩射门的进球欢呼好，还是发出嘘声让阿根廷球员知道
球迷们的不满好。球迷想嘘球员，是想警告他们踢得不好，是想要刺激
球员、督促球员好好踢。这是因为球迷对球员的表现有极大的期待，并

将球队的胜利看作是自己的胜利——这就像我们对自己的孩子。但是，让我们想象一下：如果你的好友是个擅长踢球的人，某个周末他去和其他人踢友谊赛，并叫你去给他加油。到了比赛的时候，你发现你的好友状态不佳，踢不出应有的水平……这时你会想要嘘他吗？不会。你肯定是替好友着急，想要给好友鼓劲。毕竟，好友的胜利是他的胜利，你是来支持他的，而不是盼着用他的胜利为你争光的。

　　同理，我们对孩子的不成功和错误感到失望和愤怒，也是因为我们放了太多的期待在孩子身上，而不是单纯地支持孩子。只有把孩子看作朋友，而不是自己需要负责的"产品"或者"人生的延续"，我们才能更理解孩子的感受，与孩子一起感受悲伤与欢乐，与孩子一起顺利度过青春期、走向成熟。

不良少年

导读：变得"坏坏的"好像不仅可以不交作业不考试，还能吸引女孩子。

建明是一名初二的学生。如果问起同学："你们班有'不良少年'吗？"同学们第一个想起的肯定就是建明。在学校，每个班都至少有一个像建明这样的孩子。课间的时候，这些每班的"大佬"就要聚在一起，而其他的所有同学都会离他们远远地绕着走。这其实让建明他们心里感到很爽：瞧这帮没种的瘪三，已经被学校和老师驯化了的羊羔。建明他们觉得自己已经是大人了，要像大人（其实是电视中看到的样子）一样行为。所以建明他们抽烟喝酒，聚在一起假模假样的"谈事"。当然少不了的还有和女孩子调情，甚至发生性行为导致女生怀孕。

故事到这里，大多数家长已经觉得足够了，这样已经足够糟糕了。可是还有更糟的。一旦建明这样的小团体被其他更糟糕的团体接触——一些已经开始打群架、偷盗抢劫的不良少年，他们很快就会开始尝试那些"新事物"，迅速地跨越到另一个禁区中去。

变身不良少年的原因

在心理学界有一个普遍的常识是：如果家庭缺乏温暖，对孩子的关心和教育不周的话，孩子就很容易出现犯罪行为。或者反过来说，那些恶劣的青少年罪犯几乎没有一个拥有温暖的家庭。当然，有些家庭是因为太贫穷、父母工作太忙而没空管孩子；有些家庭则是家长对孩子的教育简单粗暴，让孩子感受不到爱。

心理学小知识　▶▶

亲子依恋与青少年犯罪行为的关系

近年来，亲子依恋与青少年犯罪行为及心理适应方面的研究表明，亲子依恋质量与青少年犯罪行为及自尊、社会能力和情绪控制等心理适应指标显著相关，对青少年犯罪行为有显著的预测作用。也就是说，若一个孩子的亲子依恋质量不好，则其今后发生犯罪行为的概率就比亲子依恋质量好的孩子要高。

在昆明发生的砍人事件中，发现有未成年参与者。对此，人们都感到既愤怒又惋惜。愤怒的是犯罪组织居然利用无知少年的热情，惋惜的是这孩子算是毁了。

青春期的孩子处于儿童向成人过渡的阶段。这个时候的孩子内心渴望被认可、被肯定，渴望获得归属感，渴望自己的能力被人发现，渴望发挥自己的能力获得地位——结果这些都是犯罪组织能够提供给他们的。而犯罪组织也正需要像青少年这样一腔热血、对死亡不懂得畏惧的人参与。所以，在世界范围内，各种恐怖组织和犯罪组织都喜欢从十一二岁的孩子当中吸收成员。这样的事情貌似离我们很远，其实离我们很近。犯罪分子喜欢招揽青春期的孩子也是因为这个时候的孩子一旦被"洗脑"，就会随着孩子思想的成熟而成形，很难再改变了。

　　岳南个子小小的，看起来也非常老实听话——他也确实曾经是这样的。岳南家里人也都很和善，对岳南也不缺乏关心，不管怎么看，你都无法把岳南和一个坏孩子联系到一起，更别说一名严重伤害他人的罪犯了。可是岳南就是犯了杀人罪。

　　那么，一切到底是怎么发生的呢？

　　一开始，岳南是被欺负的对象。学校里的那些不良少年特别喜欢欺负岳南，因为他的样子和反应太滑稽了，太可笑了。后来，有一个社会上的犯罪团伙接近了这些不良少年，团伙里面的头子"发现"了岳南。岳南对于不良少年们的要求是有求必应，不懂得如何反抗。于是团伙头目开始一点点对岳南提出更过分的要求，把岳南当作身边的小狗使唤。每当岳南露出一丝犹豫或者反抗的表情，犯罪头子就威胁岳南说要杀掉他全家。就这样，一步步地，岳南也参与到犯罪活动当中去，包括去伤害别人。犯罪头子经常要求岳南去打一些被他们抓来的、和岳南一样的被欺负的人。直到有一次，他们围攻一名另一个集团的不良少年，导致了那名少年的死亡。

当我们与岳南见面谈话的时候，发现岳南已经被犯罪头子给"洗脑"了。岳南认为犯罪头子是他的导师一样的人物，如果不是犯罪头子，岳南他一辈子都只能是个被人欺负的角色。但是在犯罪头子对他的"关心"和"教导"下，岳南变强大了，被重视了。岳南还认为他所做的那些事情都是他自愿的，因为他尊重他的导师。

但其实这并不是岳南的本性，他所做的事情也不是自愿的。人的头脑中有一种平衡机制，为了保护我们自己，会把所有东西都给予最合理的、最让我们觉得舒服的理由。岳南不想做坏事，不想去伤害别人，但是犯罪头子逼着他做了。岳南会觉得这是自己软弱的结果，是自己为了家人而自私地去伤害别人的结果，这个结果是岳南不愿意接受的。而如果是因为爱戴、追随犯罪头子而做出那些事情，就不是自私软弱的结果了，就是岳南可以接受得了。

所以说，不是家庭温暖的孩子就一定不会犯罪。只要不是天生杀人狂，没有哪个孩子一开始就做出惊天动地的事情，都是一点一滴、逐渐走向那个方向的。那么我们应该怎样预防孩子发生这种事情呢？

预防孩子走向"不良"

先让我们看看孩子们为什么会想做一名"不良少年"：

（1）"因为不良少年和别人不一样，所以会很酷。"

（2）"因为不良少年代表着叛逆，代表他们有勇气反抗陈旧腐朽的'规则'。不良少年和老师、权威是对立的阵营，不良少年是在勇敢地寻求自己的主张"——还是很酷。

（3）"因为不良少年都很自信，看起来很有力量，和其他孩子不一样，像社会上的大人一样更成熟"——所以不良少年不仅酷，还能吸引女孩子。

（4）"不良少年好像带着危险的气息，有些神秘，很有吸引力。"

（5）"我本是孤单一人，加入不良少年后我们是一个集体，我们讲义气，互相帮助，互相取暖，再不寂寞。"

所以说，孩子们最开始成为不良少年，全都是因为好奇，因为孤独，因为青春期。那么我们家长就可以这样做：

1. 给孩子一个温暖的家

这是最基本的一件事。如果家里争吵不断，让孩子感受不到父母之间的爱，让孩子都不想在这个家待下去了，孩子肯定要向外寻求温暖了。好一点儿就早恋，差一点儿就成为不良少年。

2. 正确的家庭教育方式

如果对孩子过分溺爱、百依百顺，孩子就容易变得霸道和任性，认为一切东西理所当然都应该为他服务。当孩子在生活中的欲望没有得到满足，很容易就走上强取豪夺的道路。

如果对孩子不问理由就简单粗暴地高压管制，孩子同样觉得父母不理解自己、不爱自己，很容易被"关心"他的坏人引上歧路。或者纯粹是逆反，为了"报复"而学坏。

还有的父母忙于工作，忙于"明天"，忙于"未来给孩子一个幸福的成长环境"，却忽视了当下孩子正需要引导和关爱。孩子在没人管教的情况下，什么都不懂，认不清事物本质，很容易被表面上看起来很美好的东西所迷惑。

心理学小知识 ▶▶

四种家庭教养方式

早在1978年，美国心理学家戴安娜·鲍姆林德提出了家庭教养方式的两个维度，即要求性和反应性。要求性指的是家长是否对孩子的行为建立适当的标准，并坚持要求孩子去达到这些标准。反应性指的是对孩子和蔼接受的程度及对孩子需求的敏感程度。根据这两个维度，可以把教养方式分为权威型、专制型、溺爱型和忽视型四种。权威型是对孩子最有利的一种教养方式。专制型的特点则是严格但不民主。溺爱型的家长对孩子则表现出很多的爱与期待，但是很少对孩子提要求和对其行为进行控制。忽视型的家长对孩子不很关心，他们不会对孩子提出要求和对其行为进行控制，同时也不会对其表现出爱和期待。

3. 从小就让孩子学习法制观念

让孩子懂得什么是法，法的意义是为了让所有人都获得安全和公平。只有孩子懂得法，才懂得如何保护自己，才懂得去遵守法和维护法。世界上有那么多侵犯小孩子的人，但是被抓到的只是少数；或者要在这个人犯罪数十年后、被侵犯的孩子已经成年后才被揭发。为什么？就因为这些人对孩子说："这是我们之间的秘密，如果你告诉别人，别人会看不起你的，看不起你全家，对你是不利的。""这都是你不好，是你勾引我。如果别人知道了你这辈子就完了。要是你爸妈知道了，他们要气死的，你想想。""你听着，咱们之间的事情如果你敢告诉任何人，我就杀了你妈，杀了你爸，杀了你。"所以我们要让孩子懂得如何保护自己，让孩子感到父母是他们的坚强后盾，让孩子知道法律可以制裁那些坏人。

还有些孩子由于不懂法，也就不知道自己的行为犯了法。比如有的孩子居然认为抢同学的钱不算什么，因为"最后反正是他自愿拿给我的"。

4. 给孩子健康的价值观和世界观

据研究，父母是对孩子价值观影响最大的人。好比我的母亲思想很开明，那么她的言谈举止都会影响我，让我觉得很多事情都是非常自然的、合理的；让我能够用开放的角度、多角度去看待这个世界。父母如果在家有丰富的兴趣爱好和娱乐生活，孩子也会认为生活应该是这样的。父母如果能够不那么看重学习成绩而更看重品格和能力，孩子也不会因为学业而感到压力。父母如果和孩子从小就经常沟通，孩子也会认为遇到任何问题都应该和爸妈谈一谈。父母如果觉得学校的规则是应该遵守的而且有其道理，并且解释给孩子听，孩子就不会和学校老师对着干。

5．及时发现苗头

孩子们是藏不住心事的。如果我们对孩子足够关心，一旦孩子行为有所不当，我们都会发现，就应该及时地与孩子沟通，将犯罪的苗头扼杀掉。更何况，孩子出现不良行为也是孩子向我们呼喊的信号：我们长大了，我们心中有困惑。

还记得小时候孩子第一次学会说礼貌用语的时候吗？他们会追在你屁股后面说："妈妈，刚才你帮我拿帽子，我对你说谢谢了。但是我帮你递球鞋时你没说谢谢。"孩子都是向善的，愿意遵守"好的规则"，愿意成为模范、被人夸奖的。所以当孩子们叛逆了、不良了的时候，我们应该怀着当初面对五岁的他/她的心态，温柔而充满理解地与他/她谈心。最好的开头就是首先承认我们自己犯错了，然后你就会看到孩子如同决堤般将自己的委屈和心事倾泻出来。

人格的"三维"塑造

导读：青春期的荷尔蒙让孩子天天感受到坐过山车般的刺激，情绪也是大起大落。气质的特点被放大了。这正是父母可以好好看清孩子的时候。

社会上，大学生杀人事件层出不穷，中学生也"不甘落后"。某中学一名初三学生刺杀自己的语文老师，致该老师身上多处负伤，在被送至医院抢救约7个小时后身亡。事隔不到10天，同一地区又发生一起骇人听闻的中学生杀人事件，一名年仅14岁的中学生残忍地杀死了一个网吧女老板。据说，该名中学生是因为与网吧老板有矛盾，最终导致该名学生持刀进入老板的家里，先用铁器将其杀死，然后又用刀刺杀，最后将尸体放置在卫生间里。……到底是什么能驱使一个孩子做出如此残忍的事情？到底是什么让孩子的人格如此扭曲？

从孩子步入青春期开始，就是孩子的人格开始成形的阶段，到了大学进入最后的修整从而定型。当我们说"三岁看大，七岁看老"，这主要指的是孩子天生所具有的气质特点，还有在此基础上养成的一些行为习惯。到了青春期，孩子们对哲学产生兴趣，对人生意义、自我存在的意义产生了兴趣，这时候的孩子就格外关注"我是谁"这个问题。也就是说，这个时期是孩子人格形成的重要时期，如果孩子认为自己应该成为"好人"，那么在这个时期他们会向好的方向去调整自己；如果孩子觉得自己就是个"坏人"，那么成年后想要再纠正就是个非常费力的工程了。

心理学小知识 ▶▶

何谓人格

人格这个词语最早源于古希腊戏剧中的"persona"一词，也就是面具的意思。实质上，人格也正是构成一个人的思想、情感及行为的特有统合模式，这个独特模式包含了一个人区别于他人的稳定而统一的心理品质。一个人的人格对于自身来说是极其重要的一个部分，它的独特、统合、功能和稳定性决定了它必然要在一个人身上扮演最重要的角色，平时我们所看到与了解到的他人，都是"隐藏"在人格面具下的那个他。

中学是人生变化最快、最具有决定意义的阶段，是正确的人生观和价值观形成的关键时期。而一个孩子人格的养成，其实是在"社会、父母、自身"三个维度之下立体塑造的，这三个维度相互交叉，相互重叠，但却又还是各自独立，缺了任意一个部分，都会造成人格上的偏误。健全的人格具有以下特点：正确的自我认识，积极乐观的生活态度，良好的社会适应能力，融洽的人际关系，个体的认知、情绪、意志

力的和谐发展。我们可以看到，如果孩子具有健全的人格，就不会发生
那些杀人事件；拥有这样健全的人格，孩子就具有了获得幸福人生的能
力。

社会维度

我们不得不承认，人类是属于社会的产物，我们既然生活在这个
社会当中，就不免要受到它的影响。一位智者曾说："人类心智广大的
可塑性，几乎全部为他周围的一切所决定，其中最大的影响力也许来
自个人所生存的社会。"这句话在生活当中的体现的是，我们常常能
够在一些处在青春期的孩子的作文或是随笔当中看到类似这样的句子：
"……渐渐地，我被生活磨平了自己原本锋利的棱角，由一块棱角分
明的石头被冲刷为圆润光滑的鹅卵石，虽然不会再感觉到那么多磕磕
绊绊所带来的撞得头破血流的痛苦，但也很难找到曾经的热情与激动
了……"这种句子本身可能会显得有一些"故作成熟""无病呻吟"，
但不关乎这个句子所想要表达的内容，而在于我们其实可以从这样的信
息当中发现，其实孩子自己对于社会对自己人格产生的巨大影响是有意
识的，哪怕并不在当下，但慢慢都会发现体会到。对于这种改变他们是
自知的。

对于孩子人格的形成来说，社会文化背景有着很大的影响因素，现
在有一门比较新兴的学科叫作"跨文化心理学"，其中就有专门研究在
跨文化背景之下人格特点的方向。因为每一个人都不是孤立无援地生活

在这个社会当中，都会自动地去学习和遵循那些在广义上被社会文化所接受的行为模式，特别是在孩子的成长过程中。孩子们会自觉意识到，当他的行为符合社会文化或规范时，就比他违背这些时获得更多好的正面的反馈。

这就是由人最本质的生物属性所决定的，让人或多或少都从周围的社会文化中去习得那些对自己的生存有利的行为模式，同时也学会去抵触那些不被社会文化所认可的行为模式。

反过来，一个人的行为模式也很大程度上反映了他所具有的某种人格特征。例如，饱受争议的地区刻板印象其实是有一定道理的：我们一般会认为东北人具有豪爽、大胆、好客、热情、诚实等优点，但同时也有不够机灵、比较莽撞等缺点。客观来看，刻板印象的形成不是完全偏颇的。撇开人与人之间个性的独特和差异性不谈，刻板印象其实是建立在一些长期形成的经验之上的，而这些经验并不完全盲目。事实就是一方水土养一方人，的确会存在着一个地区的人在广泛意义上来看性格有很大的相似或拥有一些共同性的情况，这就是社会维度上对人格塑造的最为明显的一个例子。所以，尽管并不是要提倡鼓励"孟母三迁"的行为，但是这个故事对于父母如何尽量为自己的孩子提供一个良好的生活环境是有很大的借鉴意义的。

在社会的维度上，作为父母，能够做的就是尽量为孩子提供一个积极正面的生活与学习环境。正因为如此，我们在生活中才能看到不少父母用尽浑身解数也想将孩子送进名校，才能理解为什么有的房产商所极力推销的"学区房"受到火热的追捧的现状。

家庭维度

　　到了青春期会听到很多家长抱怨："孩子上中学后怎么变得不听话了，性格也变了？"甚至有的家长会觉得自己的孩子总是问题重重，而别人家的孩子就总是那么优秀。其实青春期孩子变得不听话是正常的，进入青春期由于大脑的发育和孩子所接触的知识的不断扩展，他们对事对物都开始变得有自己的判断与主见，而不是像以前一样什么事情都要征求父母的同意，没有自己做决定的魄力。所以作为父母大可不必为此而烦恼。

　　在家庭维度上对于孩子人格特征的培养，父母能做的就是让孩子懂得：有自己的主见固然是好，但是在此基础上也要学会承担后果；另外，很有可能现在自己所做的决定不能保证完全是正确的，但是，即便面对一些不好的后果，也不能想着去逃避责任。一个人最重要的是学会做决定并为自己的决定而负责，也只有不断地锻炼与尝试，让经历作为孩子最好的导师去引导他成长。家长只需要把握好方向的舵盘就足够了。

　　另外一方面，家庭对于孩子人格塑造的影响在于父母是孩子最为重要的社会支持系统。

　　社会支持对青少年的身心健康有着显著的影响：一个良好的社会支持有利于健康，反之，不良社会关系的存在则会很大程度上损害身心健康。实质上父母作为孩子最重要的社会支持系统，对孩子人格的塑造产生的影响其实是社会维度的一种延续。因为社会文化或规范影响了父母的思想和行为，而父母的思想行为又会不自觉地影响自己对子女的态度和方式，因此形成了一种链状关系。其实从孩子一出生开始，父母就会根据自己在长期社会文化熏陶下所固定养成的标准和规范去教育指导孩子，而孩子就根据父母的态度和要求来调节自己的行为。

作为家长来说，对孩子人格塑造所产生的最大影响源自于整个家庭氛围的营造。首先，在物质上父母的社会地位决定了这个家庭所处在的社会阶层，相应地在经济和教育上给孩子灌输的理念与价值观念就会有所不同，而对孩子的期望水平和要求也不尽相同。

但这并不是一个绝对而不可更改的因素，有的家庭虽然经济上相对不是十分宽裕，但是仍然可以培养出一个积极乐观、开朗大方、知书达理的孩子而并不是一个畏畏缩缩、自私自利的孩子。家庭经济状况不好也许很难避免的会在某些程度上造成孩子心理上的自卑，但如果有一个好的引导，是完全可以避免孩子产生不良的人格特征的。首先作为父母就不能够在这一方面表现得消极、抱怨，总是把责任归咎于外部的不公或是时运不济。如果长期生活在这样的环境下，孩子想要"出淤泥而不染"还是太难了。

心理学小知识 ▶▶

父母拒绝、情感温暖和过分保护的影响

研究表明，父母对子女采用严厉惩罚、拒绝否认的教养方

式增多，其子女越可能多地表现出孤独，不关心他人、难以适应外部环境等特征。而且由于经常遭到拒绝，子女自我接纳程度减低，易产生自卑、无助、不安全感。而在情感温暖型家庭中长大的孩子，情绪乐观而稳定、有较高程度的安全感、易与人打成一片、待人热忱、适应力好、自我接纳程度高，相应地自信心、自尊感和成就欲望都比较强，容易形成比较健全的人格。因此，情感温暖型教养方式被认为是最合理的家庭教养方式。父母过分的保护会阻碍子女独立人格的形成发展，削弱儿童的自我意识。

这时候很多家长会问，那如果是成长在经济条件好的家庭环境中的孩子就不会出现问题了吗？答案是否定的。尽管从客观的角度来说，富有家庭的孩子出现问题的概率比穷苦家庭的概率要小。

富裕家庭中的孩子也会产生一些人格上的障碍或是不适应，这还是与父母的教养方式有关。例如可能一家人十分富裕，但是由于父母总是需要在外长时间工作，从而疏于对孩子的管教和缺乏与孩子相处交流的时间，遇到问题总是习惯用金钱来处理。长此以往，孤独、缺乏安全、信任感、责任感低等不良的人格特征就会在孩子身上埋下种子。

一个家庭对于孩子人格的塑造与培养更多的不是在于物质上的条件，而是一种精神的影响。也许你的家庭并不是物质上的贵族，但做父母的依旧有能力去培养出一个具有精神贵族之气质的孩子。

自我维度

自己其实是自己最好的雕塑家。

青少年对待世界与生活的看法塑造了他自身的人格特征。如果一个孩子是积极的，他愿意在生活中学习去悦纳他人，也觉得自己是被人需要和喜欢的，那他就能比较容易地在生活中学会处理自己面对的困难，也比其他的孩子更容易接受生活中的不如意，在面临挫折的时候也不会倾向于去选择一些极端的方法去处理应对。因为他让自己被爱所包围所保护起来了。这样健康积极的态度是很需要现在的孩子很好地去认识去学习的。

现在的孩子因为电视、电脑、手机等电子产品的泛滥，已经渐渐失去了很多可以和他人面对面接触、一起玩耍的机会。快乐也是一种能力，需要习得的。我们不妨多鼓励自己的孩子走出家门，与其他小伙伴一起玩耍。当孩子和别人建立起了亲密而相互信任的人际关系的时候，他会收获很大的成长。

另外，外界的纷繁复杂让我们的孩子渐渐失去了安静独处的机会。孩子们不是处在电视千篇一律的对白中，就是处在网络世界无限的花花绿绿中。试想一下自己的孩子现在还能够有多少时间可以安安静静地坐下来，伴着鹅黄的灯光，静静读一本书呢？现实是，不要说看书，可能在睡觉之前孩子都会永远"酷酷地"插着他的耳机听着激烈的摇滚乐。

但千万不要小看安静的力量，我们的大脑虽然还有着很多的潜能等待着被开发，但是再好的机器也是需要休息的。如果可以有时间真正安静下来，去反思回想自己的生活，对于理解和塑造自己的人格有很大帮助的。我们需要让孩子有时间想一想自己在平时与他人相处的方式，去慢慢揣摩、体验各种不同人的感情和表现，这些都是很有帮助的。如果孩子一下子适应不过来这种完全的放空自己的思维，那么就给他买一本好书吧。书籍真正是人类进步的阶梯，是最好的精神食粮。正如宋真宗赵恒在《励学篇》中所言："书中自有千钟粟，书中自有黄金屋，书中自有颜如玉"，书中的确自有着另一片天地。如果真的能在读书时享受这种学习的过程，学着去看、去感受他人所经历的人生和他人对于生活和人事的感受，那么，自己也就能收获和成长很多，腹有诗书气自华。

此外，在生活中能够多出去旅游，对于孩子阅历的培养和人格的塑造也会产生意想不到的收获。可能孩子还小，不是特别适合自己单独出游，那我们就可以和孩子一起挑选一些比较近的城市或是景点，鼓励孩子自己一个人出去走走。旅途是最好的老师，在他所行的每一步路中，他都会走得比前一步更加稳健。

我们也可以让孩子和一些比自己更有智慧的人进行交流，通过自己的努力在学习上、生活上收获成功的体验，多去帮助他人或是参与一些公益活动等，这些都会以不同的方式影响和塑造一个人的人格。关键是不能让孩子固步自封，不去寻求那些不一样的体验。说到底，人格其实也是一种积累的过程和产物，在体验来自各种各样不同的活动后，它也会变得更加饱满而丰富。

无论是社会、家庭还是自我的哪一个维度，都对青少年的人格塑造有着不一样的影响和作用，但这些作用都不是绝对和一成不变的，它们所带来更多的是一种倾向和引导。而这三个维度也是一环接着一环，而不是相互之间全然没有联系的：社会塑造了家庭，家庭塑造了孩子，而孩子在长大成人之后又组成家庭和影响了这个社会。这就像是生物界中的食物链一样，也许这并不是一个十分恰当的比喻，但本质上是相同的。因为如果在人格的这条三维链中的任意一个环节出现了问题或是出现了不同程度上的缺失，这个人格的三维雕塑者，很有可能就会雕塑出一个不那么完整的作品。相反，如果父母能够鼓励孩子尽力去发扬人格中积极的一面，接受自身必然存在的相对消极的一面，在二者的天平上找出一个平衡点，那么就一定能够让孩子拥有一个健康而完美的人格与人生。

图书在版编目（CIP）数据

陪孩子度过中学六年 / 柏燕谊编著. -- 成都 : 四川科学
技术出版社，2016.4
　ISBN 978-7-5364-8327-9

　Ⅰ. ①陪… Ⅱ. ①柏… Ⅲ. ①中学生—家庭教育
Ⅳ. ①G78

　中国版本图书馆CIP数据核字（2016）第067336号

陪孩子度过中学六年

书名：陪孩子度过中学六年
PEI HAIZI DUGUO ZHONGXUE LIUNIAN

出 品 人：钱丹凝
编 著 者：柏燕谊
责 任 编 辑：康永光
封 面 设 计：高巧玲
责 任 出 版：欧晓春
出 版 发 行：四川科学技术出版社
　　　　　　地址：成都市槐树街2号　邮政编码：610031
　　　　　　官方微博：http://weibo.com/sckjcbs
　　　　　　官方微信公众号：sckjcbs
　　　　　　传真：028-87734039
成 品 尺 寸：170mm×230mm
印　　　张：15
字　　　数：163千
印　　　刷：北京联兴盛业印刷股份有限公司
版次/印次：2016年5月第1版　2016年5月第1次印刷
定　　　价：32.80元

ISBN 978-7-5364-8327-9
本社发行部邮购组地址：成都市槐树街2号
电话：028-87734035　邮政编码：610031